FORMULAIRE

POUR

SERVIR A LA RÉDACTION

DES ACTES

DE L'ÉTAT CIVIL

PAR

ADRIEN DURAND

Docteur en Droit, Juge suppléant au Tribunal civil de Langres

LANGRES

CHEZ J. DALLET, LIBRAIRE-ÉDITEUR

1870

AVERTISSEMENT

Réunir les formules dont l'usage est le plus fréquent, y joindre des annotations qui permettent de les approprier plus facilement aux différentes circonstances, rendre par là les inexactitudes et les contraventions plus rares, donner enfin plus d'uniformité à la rédaction des actes, tel est le but de ce travail. Ce n'est donc point un traité théorique des actes de l'état civil, c'est un simple formulaire. Chaque catégorie de formules est précédée d'une analyse des dispositions de la loi mises en pratique, c'est la justification de l'énoncé des formules ; elles ne sauraient dispenser l'officier de l'état civil de consulter immédiatement le procureur impérial, toutes les fois qu'il sera arrêté par une question douteuse. Nous avons été encouragé à faire ce travail par M. Condaminas, conseiller à la Cour impériale, qui a bien voulu nous guider de son expérience et de ses conseils. Nous avons aussi souvent consulté le formulaire si clair et si précis publié en 1832, par M. Clerget-Vaucouleurs, conseiller honoraire, pour les besoins du parquet de Langres, qu'il dirigeait alors.

FORMULAIRE

DES

ACTES DE L'ÉTAT CIVIL

DISPOSITIONS
relatives à l'état matériel des registres.

Les actes de l'état civil sont inscrits dans chaque commune sur quatre registres : registre des naissances; registre des publications de mariage; registre des mariages; registre des décès. (C. N. art. 40.) Seul, le registre des publications de mariage n'est pas tenu double. (C. N. art. 5.)

Chaque double des registres doit, dès le commencement de l'année, être revêtu d'une couverture de papier fort, qui en assure la propreté et la conservation, et sur laquelle sont indiqués, le nom de la commune et la nature des actes que ce registre contient.

Les registres sont clos et arrêtés par l'officier de l'état civil à la fin de chaque année, le 31 décembre au soir, et non à la date du 1er janvier de l'année suivante. (C. N. art. 43) (1).

Aussitôt la clôture des registres, l'officier de l'état civil dresse à la suite de chacun d'eux, UNE TABLE ALPHABÉTIQUE de tous les actes qu'ils renferment ; ces tables sont écrites SUR PAPIER TIMBRÉ; elles sont cotées, certifiées par l'officier de l'état civil et signées par lui (Décret du 20 juillet 1807, art. 4; décision minist. 28 octobre 1823) (2).

Dans le cours du mois de janvier, l'envoi du double

(1) *Formule de clôture des registres :* Cejourd'hui trente-un décembre mil huit cent...., nous (*prénoms, nom, qualité du fonctionnaire*), officier de l'état civil de la commune de...., avons clos et arrêté le présent registre contenant (*nombre des actes*), actes de (*nature des actes*).

A la mairie, le trente-un décembre mil huit cent....

(2) *Table alphabétique des actes de .... de la commune de ... pour l'année mil huit cent .....*

NOMS ET PRÉNOMS DES PARTIES.	DATE DES ACTES.	No DU FEUILLET.	No DE L'ACTE.

Nous (*prénoms, nom, qualité du fonctionnaire*), officier de l'état civil de la commune de....... certifions exacte la présente table des .... de ladite commune, pour l'année .... ladite table contenant .... actes.

Fait à ......

destiné au greffe du tribunal, doit être fait au procureur impérial avec les précautions nécessaires pour que les registres ne soient ni souillés, ni déchirés à la poste.

Dès que l'officier de l'état civil prévoit l'insuffisance des registres pour l'année à laquelle ils sont destinés, il doit se procurer des feuilles supplémentaires cotées et paraphées comme les feuilles mêmes du registre auquel on les ajoute (1).

L'art. 52 du Code civil défend formellement d'inscrire des actes sur des feuilles volantes. Le fonctionnaire qui commettrait une telle contravention serait passible des peines portées par l'art. 192 du Code pénal, et pourrait devoir des dommages-intérêts aux parties lésées par cette irrégularité.

L'officier de l'état civil, à chaque page des registres, doit laisser une marge du quart de la largeur de cette page. Dans cette marge, il inscrira le numéro d'ordre de chaque acte. (Lettre du minist. de la just. du 31 décembre 1823.) Pour chacun des registres, il n'y a qu'un seul numérotage qui se continue sans interruption sur les feuilles supplémentaires, s'il en a été établi. (Ordonn. du 26 nov. 1823.) Inutile d'ajouter que ces feuilles supplémentaires étant la continuation du registre, on ne doit pas le clore une première fois avant leur adjonction. Au-

(1) Il faut prévoir cette insuffisance et ne pas s'exposer à prendre des notes pour rédiger après coup sur le supplément un acte d'une date antérieure à la délivrance de ce supplément.

dessous du numéro d'ordre, en marge de chaque acte, l'officier de l'état civil mettra les noms des individus auxquels l'acte s'applique. Pour faciliter les recherches, il est nécessaire que dans le corps des actes, de même que dans les mentions marginales, les noms des nouveau-nés, des mariés, des décédés soient écrits en ronde, ou mis en relief par un caractère plus gros.

FORMALITÉS
communes à tous les actes.

Les actes de l'état civil contiendront :

1° L'indication de l'année, du mois, du jour et de l'heure où ils seront passés. (C. N. art. 34.)

2° Les prénoms, nom et qualité du fonctionnaire qui les reçoit.

Les fonctions d'officier de l'état civil sont remplies par le maire de la commune; en cas d'absence ou d'empêchement légitime de ce fonctionnaire, il est remplacé par un adjoint ou par un membre du conseil municipal, le premier sur la liste (loi du 5 mai 1855, art. 4); dans ce cas on doit faire mention dans l'acte de la cause qui empêche le maire d'agir (loi 21 mars 1851) (1). Les officiers de l'état civil doivent s'abstenir de recevoir aucun acte qui concerne leur épouse, leur père et mère et leurs enfants, (lettre minist. 21 juillet 1818). Si l'adjoint ou un conseiller municipal est habituellement chargé de l'état civil en vertu d'une délégation spéciale du maire, il sera fait mention de cette délégation (2). (Décis. minist. du 21 décembre 1822 ; loi du 18 juillet 1857, art. 14).

L'officier de l'état civil doit être assisté de témoins (deux pour les actes de naissance et de décès, quatre pour les actes de mariage) du sexe masculin, âgés d'au moins vingt et un ans, parents ou autres, qui sont choisis par les parties. (C. N. art. 37).

Dans plusieurs communes on a l'habitude de produire les mêmes témoins pour presque tous les actes, pour les actes

(1) *Si le maire est remplacé par l'adjoint accidentellement ou si tous deux sont remplacés par un conseiller municipal, on mettra :* L'an mil huit cent...., le.... du mois de...., à heure de..., par devant nous (*prénoms, nom, qualité du fonctionnaire*), remplissant les fonctions d'officier de l'état civil de la commune de...., canton de...., département de...., à défaut du maire empêché (*ou* absent).

(2) *Si l'adjoint est chargé habituellement ou pour un certain temps des fonctions d'officier de l'état civil, on mettra :* L'an mil huit cent...., le.... du mois de.... à.... heure de...., par devant nous (*nom et prénoms du fonctionnaire*), adjoint au maire de la commune de...., département de...., délégué par arrêté du maire en date du...., pour remplir les fonctions d'officier de l'état civil de la dite commune.

de naissance et de décès notamment (1). C'est un abus; la loi veut que la naissance, ou le décès soit attesté surtout par les parents, parce qu'ils sont évidemment plus aptes à donner tous les renseignements nécessaires pour la rédaction de l'acte. Ce n'est qu'à leur défaut qu'il convient d'appeler les voisins, ou les étrangers.

3° Les actes de l'état civil contiendront : les prénoms, noms, âges, professions et domiciles de tous ceux qui y sont dénommés (2) (C. N. art. 34), ces mentions doivent être faites avec le soin le plus scrupuleux. Il importe beaucoup de ne point commettre dans l'indication des prénoms, des omissions, interversions d'ordre, et de bien orthographier les noms de famille en recourant autant que possible aux actes antérieurs.

L'officier de l'état civil doit mentionner avec soin la qualité de membre de la Légion d'honneur (circul. g. des sc. 3 juin 1807), mais il se gardera bien d'attribuer, *par une coupable complaisance,* aux parties dénommées dans les actes, d'autres noms, d'autres titres, *que ceux qu'elles justifient, par un acte de l'état civil antérieur être en droit de porter.* (Circ. minist. du 19 juin 1858.)

(1) C'est un abus grave et un faux de la part de l'officier de l'état civil, de ne pas exiger que les comparants soient assistés de témoins, et de faire signer en cette qualité des personnes qu'il tiendrait à sa disposition (Hutteau d'Origny).

(2) L'officier de l'état civil ne saurait trop veiller à la scrupuleuse application de l'art. 34, on éviterait les contraventions les plus fréquemment relevées, en s'y conformant avec soin.

Pour tout comparant qui n'aurait point de profession, de qualités spéciales à désigner, on doit mettre *sans profession.*

L'officier de l'état civil donnera lecture des actes aux parties comparantes. Il sera fait mention dans l'acte de l'accomplissement de cette formalité. (C. N. art. 38).

L'acte doit contenir également la mention de la signature de l'officier de l'état civil, des parties et des témoins. S'ils déclarent ne savoir signer, l'acte le constatera ; et s'ils ne le peuvent on l'indiquera de même, en ajoutant pour quelle cause (1).

Ces signatures aussi bien celle de l'officier de l'état civil que celle des témoins, doivent être données IMMÉDIATEMENT après la rédaction de l'acte : en les ajournant comme on le fait trop souvent, on s'expose à de graves inconvénients. Il est arrivé plus d'une fois que l'officier de l'état civil ou d'autres personnes désignées dans les actes ont été surpris par la mort avant d'avoir complété ces actes par leur signature : des jugements sont alors nécessaires pour remédier à cette omission très-regrettable. (Lettres minist. du 14 janvier 1840 — 7 oct. 8127).

(1) De quoi nous avons dressé le présent acte et nous l'avons lu aux (*témoins, parties ou déclarants, suivant la nature de l'acte*) qui l'ont immédiatement signé avec nous à l'exception de N. (*désigner la partie ou le témoin par ses nom et prénom*), qui a déclaré ne savoir signer, de ce requis, *ou :* ne pouvoir signer pour cause de...., de ce requis.

Les actes de l'état civil à quelque catégorie qu'ils appartiennent, doivent être inscrits et signés à leur date sur les registres à la suite les uns des autres, avec intervalle suffisant pour les distinguer entre eux, mais sans laisser de blanc et de lacune qui permettraient d'ajouter quelque chose après coup. Toute abréviation doit être proscrite, aucune date ne doit être mise en chiffres (C. N. art. 42) (Circ. minist. 6 juin 1843).

Les surcharges, les grattages sont formellement prohibés. Si l'officier de l'état civil se trompe sur un mot ou sur une phrase, il doit raturer l'erreur et porter le mot rectifié ou omis à la marge correspondante et non à la fin de l'acte. La rature et le renvoi seront approuvés et signés par les parties, les témoins et l'officier upblic, un simple paraphe ne suffirait pas. (C. N. art. 42).

Les procurations et les autres pièces produites pour la rédaction d'un acte de l'état civil doivent être légalisées par le fonctionnaire compétent. (C. N. art. 45). On sait qu'aujourd'hui, en vertu de la loi du 2 mai 1861, les juges de paix qui ne siégent pas au chef-lieu du ressort du tribunal de première instance sont compétents pour légaliser concurremment avec le président du tribunal les signatures des notaires et des officiers de l'état civil de leur canton (1).

(1) La formalité de la légalisation des extraits de l'état civil n'est obligatoire que lorsqu'il est fait usage des expéditions hors de l'arrondissement où elles sont délivrées. (Lettre minist. du 8 septembre 1848.) (Séance du Cons. d'État du 22 fruct. an X).

Toute pièce produite à l'appui d'un acte, est paraphée par l'officier de l'état civil et par la personne qui l'a produite, puis annexée à cet acte (1). Comme on ne pourrait sans inconvénient attacher les pièces annexées aux registres, l'officier public doit faire une liasse de toutes les pièces relatives à un même acte, porter sur la chemise l'émargement et le numéro qu'il aura inscrit sur le registre à côté de l'acte : y ajouter la date du jour et de l'année et réunir ensuite ces différentes liasses en un seul paquet qui sera déposé au greffe du tribunal avec le double des registres. (C. N. art 44.)

Telles sont les formalités générales qui doivent être strictement observées dans la rédaction de tous les actes civils, à quelque catégorie qu'ils appartiennent.

Ajoutons cette règle qui régit toute la matière. Dans les actes par lui reçus, l'officier de l'état civil ne peut inscrire que ce qui est déclaré par les comparants. Il ne peut rien ajouter de son chef, soit par note ou autrement : remplissant le rôle d'un greffier plutôt que d'un juge, il tient la plume pour consigner fidèlement les déclarations qui lui sont faites. Si ces déclarations étaient trop manifestement contraires à la loi ou à la vraisemblance, il pourrait refuser de les recevoir. Mais dans ce cas, comme dans tous ceux qui peuvent faire naître des doute, il

(1) *Toute pièce produite et annexée portera la mention suivante :* Paraphé par le produisant (*nom et prénoms*) et par nous, officier de l'état civil de...., le.... mil huit cent...., pour être annexé à l'acte de (*nature de l'acte*) numéro....

doit consulter immédiatement le procureur impérial. (C. N. art. 55.) (Disc. du tribunal).

Toutes les fois que la mention d'un acte relatif à l'état civil devra avoir lieu en marge d'un autre acte déjà inscrit, elle sera faite à la requête des parties intéressées d'abord par l'officier de l'état civil sur les registres courants ou sur ceux qui sont déposés aux archives de la commune pour les années précédentes : ensuite par le greffier du tribunal sur les registres déposés au greffe. (C. N, art. 49).

Ainsi, l'acte de reconnaissance d'un enfant naturel sera inscrit sur les registres de naissance, à sa date, et il en sera fait mention en marge de l'acte de naissance s'il en existe un. (C. N. art. 62). Ainsi, encore, sur le registre des publications, il sera fait mention sommaire des oppositions au mariage et des jugements ou actes de mainlevée.

De même, en cas de rectification d'un acte ordonnée par jugement, le jugement de rectification sera inscrit à sa date sur les registres courants et mention de la rectification sera faite en marge de l'acte rectifié. (C. N. art. 101) (1).

(1) *Quand un officier de l'état civil reçoit l'expédition d'un acte pour le transcrire sur ses registres, il fait cette transcription en la forme suivante :* l'an mil huit cent.... le...., nous (*nom, prénoms, qualités du fonctionnaire*), officier de l'état civil de la commune de...., canton de...., département de...., avons

Indépendamment des formalités générales à observer dans les actes de l'état civil, les actes de naissance, de mariage et de décès sont soumis à des formalités spéciales pour chaque espèce.

ACTES DE NAISSANCE

Les déclarations de naissance doivent être faites dans les trois jours de l'accouchement; le jour où il a eu lieu n'est pas compté. L'officier de l'état civil doit refuser de recevoir la déclaration faite après les trois jours; un jugement du tribunal est alors nécessaire pour tenir lieu de l'acte omis. (C. N. art. 55, 56.) (Avis du Conseil d'État 11 brum. an XI).

transcrit sur les registres, le (*indiquer la nature de l'acte, l'autorité, le lieu d'où il émane*) dont la teneur suit. (*On fait ensuite la copie littérale sur le registre et on termine ainsi.*) Transcrit et certifié conforme à l'expédition que nous avons annexée au présent registre, par nous, officier de l'état civil de la commune de....

Signature.

L'acte de naissance doit indiquer : les prénoms, nom, âge, profession et domicile du déclarant. La déclaration doit être faite :

Soit par le père légitime;

Soit par le père naturel s'il veut reconnaître l'enfant;

Soit par le médecin ou la sage-femme qui aura assisté à l'accouchement;

Soit par la personne chez laquelle aura eu lieu l'accouchement, si la mère est accouchée hors de son domicile (1). (C. N. art. 56.)

Si la déclaration d'une naissance légitime n'est pas faite par le père, l'officier de l'état civil inscrira les nom, prénoms, âge, profession, domicile de ce dernier, en indiquant s'il est absent ou malade, en un mot la cause de son abstention. Car si le père est présent et en état d'agir, c'est toujours lui qui doit faire la déclaration. Mais on se gardera de mentionner le nom du père (2), lorsque la mère n'est pas mariée et que le père ne fait pas la déclaration par lui-même, ou par un fondé de procuration spéciale et authentique, en manifestant l'intention de reconnaître l'enfant.

Les nom, prénoms, âge, profession et demeure de la

(1) L'officier de l'état civil ne ferait que se conformer à la loi en refusant de recevoir une déclaration faite par une autre personne que celles désignées par l'article 56. (Hutteau d'Origny.)

(2) Alors même que le déclarant l'indiquerait.

mère seront désignés; si elle est mariée on ajoutera sa qualité d'épouse (1).

L'enfant doit être présenté à l'officier de l'état civil et mention doit être faite dans l'acte de cette présentation; s'il ne pouvait être transporté sans danger pour sa vie, l'officier de l'état civil sur le vu d'un certificat du médecin ou de la sage-femme se rendra près de lui et mentionnera ces circonstances dans l'acte qui sera rédigé. (C. N. art. 53. (Cass. 21 juin 1833).

L'acte de naissance indiquera le jour, l'heure et le lieu de la naissance, le sexe de l'enfant et les prénoms qui lui sont donnés :

Enfin les nom, prénoms, âge, profession et domicile des deux témoins. — C. N. art. 34, 57. —

Lorsqu'on présentera à l'officier de l'état civil le cadavre d'un enfant dont la naissance n'a pas été enregistrée, il inscrira sur le registre des décès, un acte énonçant non pas qu'un tel enfant est décédé, mais seulement qu'il lui a été présenté sans vie (2).

(1) L'officier de l'état civil *peut* indiquer les nom et prénoms de la mère d'un enfant né hors mariage, quand ils lui sont connus. Mais si le déclarant refuse de les lui faire connaître, il ne peut l'exiger et il inscrira l'enfant présenté comme né de père et mère inconnus. (Cass. du 16 septembre 1843. — 4 juin 1844.)

(2) On se gardera de donner à l'enfant présenté sans vie, soit dans le corps de l'acte, soit même en marge la dénomination de mort-né.

Cet acte énoncera également, les prénoms, nom, âge, profession des père et mère ; il désignera le moment où l'enfant est sorti du sein de sa mère : cette désignation fera connaître l'année, le mois, le jour et l'heure. (Décret du 4 juillet 1806).

La naissance de deux jumeaux donne lieu à la rédaction de deux actes distincts. On mentionnera avec exactitude l'heure et la minute de la naissance de chaque enfant : on indiquera s'il est sorti le premier ou le dernier du sein de sa mère.

I

Déclaration de naissance d'un enfant légitime faite par le père.

No
Nom et prénoms de l'enfant.

L'an mil huit cent... le... à... heure de... pardevant nous (*nom, prénoms, qualité du fonctionnaire*) officier de l'état civil de la commune de... canton de... département de... a comparu N. (*nom, prénoms, âge, profession, domicile du père*) lequel nous a déclaré que le... du mois de... l'an mil huit cent... à... heure de..., en son domicile sis... (1), N. (*nom, prénoms âge, profession do-*

(1) S'il y a lieu, on indiquera non-seulement la commune, mais encore la rue et le numéro de la maison.

Si l'enfant dont le père déclare la naissance n'était pas né micile de la mère), son épouse, est accouchée d'un enfant du sexe..., qu'il nous présente, déclarant lui donner les prénoms de.... Les dites déclaration et présentation, ont eu pour témoins, N. (*nom, prénoms, âge, profession, domicile du premier témoin*) et de N, (*nom, prénoms, âge, profession, domicile du second témoin*). De quoi nous avons dressé le présent acte, et nous en avons donné lecture au père et aux témoins, qui l'ont immédiatement signé avec nous.

II

Déclaration de la naissance d'un enfant légitime faite par la sage-femme ou la personne chez qui l'accouchement à eu lieu.

No
Nom et prénoms de l'enfant.

L'an mil huit cent.... le.... à.... heure de.... par devant nous *(prénoms, nom, qualité du fonctionnaire)*, officier de l'état civil de la commune de.... canton de.... département de...., a comparu N.... *(prénoms, nom, âge, profession, domicile du déclarant)*,

au domicile de ce dernier, au lieu de : en son domicile sis à...., *on mettrait* au domicile de N. (*nom, prénoms, âge, profession, domicile du propriétaire ou locataire de la maison où la naissance a eu lieu*) sis à....

lequel (*ou* laquelle) nous a déclaré que le.... du mois de... l'an mil mil huit cent.... à.... heures du.... dans sa maison sise à.... (1) N.... *(prénoms, nom, âge, profession, domicile de la mère)* épouse (*ou* veuve) de N.... *(prénoms, nom, âge, profession, domicile du père)* est accouchée, d'un enfant du sexe.... qu'il (*ou* qu'elle) nous a présenté, déclarant lui donner les prénoms de.... Lesdites déclaration et présentation ont eu pour témoins, N.... *(nom, prénoms, âge, profession, domicile du premier témoin)*, et N.... *(nom, prénoms, âge, profession, domicile du second témoin)*. De quoi nous avons dressé le présent acte et nous en avons donné lecture au déclarant et aux témoins qui l'ont immédiatement signé avec nous.

III

Acte de naissance d'un enfant né avec un ou plusieurs jumeaux (2).

No
Nom et prénoms
de l'enfant.

L'an mil huit cent ..., le.... du mois de..., à.... heure de...., par devant nous *(nom, prénoms, qualité*

(1) On indiquera, s'il y a lieu, non-seulement la commune, mais la rue et le numéro de la maison.

(2) Un acte de naissance distinct doit être rédigé pour chacun des enfants jumeaux.

(ou fonctionnaire), officier de l'état civil de la commune de..., canton de.. ., département de...,, a comparu N.... *(prénoms, nom, âge, profession, domicile du déclarant)* lequel nous a déclaré que le.... du mois de.... l'an mil huit cent.... à.... heure de.... dans sa maison sise à.... N. *(prénoms, nom, âge, profession, domicile de la mère)*, son épouse (1), est accouchée d'un enfant du sexe.... qu'il nous présente; il lui a donné les prénoms de...., ajoutant que ledit enfant est né avec un (*ou* plusieurs jumeaux), et qu'il est sorti le premier (*ou* le second) du sein de sa mère. Lesdites déclaration et présentation, ont eu pour témoins, N. *(nom, prénoms, âge, profession, domicile du premier témoin)*, et N. *(nom, prénoms, âge, profession, domicile du second témoin)*. De quoi nous avons dressé le présent acte, et nous en avons donné lecture au déclarant et aux témoins, qui l'ont immédiatement signé avec nous.

(1) *Si le déclarant est tout autre que le père de l'enfant, au lieu de :* son épouse, *on mettra* épouse de N. (*nom, prénoms, âge, profession, domicile du père de l'enfant*); *si la mère n'est pas mariée, on supprimera :* son épouse.

IV

Déclaration de naissance d'un enfant naturel faite par le père.

No

Nom et prénoms de l'enfant.

L'an mil huit cent...., le.... du mois de...., à.... heure de...., par devant nous *(nom, prénoms, qualité du fonctionnaire)*, officier de l'état civil de la commune de...., canton de...., département de...., a comparu N. *(prénoms, nom, âge, profession et domicile du père)*, lequel nous a déclaré que le.... du mois de...., à.... heures de...., l'an mil huit cent...., en son domicile *ou* au domicile de N. (*indiquer les nom, prénoms, âge, profession du propriétaire ou locataire de la maison dans laquelle est né l'enfant*), sis à...., il est né un enfant du sexe masculin (*ou* féminin), qu'il nous présente et auquel il donne les prénoms de.... (*prénoms de l'enfant*), se reconnaissant pour être le père de cet enfant (1). Les dites déclaration et présentation ont eu ponr témoins N. (*nom, prénoms, âge, profession, domicile du premier témoin*), et N. (*nom, prénoms, âge, profession, domicile du second témoin*). De quoi nous avons dressé le présent acte et nous en avons donné lecture au déclarant et aux témoins qui l'ont immédiatement signé avec nous.

(1) *Si le père déclarant fait spontanément connaître le nom de la mère de l'enfant, on ajoutera* : et l'avoir eu de (*prénoms, nom, âge, profession, domicile de la mère de l'enfant*).

V

Déclaration de naissance d'un enfant naturel faite par un fondé de procuration spéciale et authentique du père.

N°
Nom et prénoms
de l'enfant.

L'an mil huit cent...., le.... du mois de...., à.... heure de...., par devant nous (*nom, prénoms, qualité du fonctionnaire*), officier de l'état civil de la commune de...., canton de...., département de...., a comparu N. (*prénoms, nom, âge, profession, domicile du déclarant*), lequel agissant en vertu de la procuration spéciale et authentique de N. (*nom, prénoms du père*), passée à...., le.... du mois de...., l'an mil huit cent...., par devant Me...., notaire, de lui paraphée et annexée au présent registre, nous a déclaré que le...., à.... heure de...., il est né à...., en la maison de N. (*nom, prénoms, âge, profession, domicile du propriétaire ou locataire de la maison où est né l'enfant*) un enfant du sexe masculin (*ou* féminin) qu'il nous a présenté et auquel il donne les prénoms de...., ajoutant que N. (*nom, prénoms, âge, profession et domicile du père*) reconnaît être le père de cet enfant (1). Lesdites déclaration et

(1) *Si le déclarant donne spontanément le nom de la mère, on ajoutera* et l'avoir eu de N. (*nom, prénoms, âge, profession, domicile de la mère*).

présentation ont eu pour témoins N. (*nom, prénoms, âge, profession, domicile du premier témoin*) et N. (*nom, prénoms, âge, profession, domicile du second témoin*). De quoi nous avons dressé le présent acte et nous en avons donné lecture au déclarant et aux témoins qui l'ont immédiatement signé avec nous.

VI

Acte de naissance d'un enfant naturel, dressé sur la déclaration de tout autre personne que le père (LA SAGE-FEMME OU LE PÈRE DE LA MÈRE), *le nom de la mère étant connu.*

No

Nom et prénoms de l'enfant.

—

Formule de mention de légitimation par mariage.

N. (*Nom et prénoms de l'enfant*), a été légitimé par le mariage contracté à... le... entre N. (*nom, prénoms du père*) et N. (*nom, prénoms de la mère*), mère dudit enfant.

Fait à... le... par nous... officier de l'état civil de la commune de...

(*Signature*).

L'an mil huit cent...., le.... du mois de...., à.... heure de...., par devant nous (*prénoms, nom, qualité du fonctionnaire*), officier de l'état civil de la commune de...., canton de...., département de...., a comparu N. (*prénoms, nom, âge, profession, domicile du déclarant*) lequel nous a déclaré que le.... du mois de...., mil huit cent...., à.... heures de...., la nommée N. (*prénoms, nom, âge, profession, domicile de la mère*), est accouchée dans son domicile (*ou* dans la maison de N. *nom, prénoms, âge, profession, du propriétaire ou locataire de la maison où est né l'enfant*), sis à...., d'un enfant du sexe masculin (*ou* féminin) qu'il nous a présenté, déclarant lui donner les prénoms de (*prénoms de l'enfant*). Les dites déclaration et présentation, ont eu pour témoins N. (*nom, prénoms, profession, âge, domicile du premier témoin*) et N, (*nom, prénoms, âge, profession, domicile du second témoin*). De quoi nous avons dressé le présent acte, et nous en avons donné lecture au déclarant et aux témoins, qui l'ont immédiatement signé avec nous.

VII

Acte de naissance d'un enfant né de père et mère inconnus.

L'an mil huit cent...., le.... du mois de..., à.... heure de...., par devant nous (*nom, prénoms, qualité du fonctionnaire*), officier de l'état civil de la commune de...., canton de...., département de...., a comparu N. (*prénoms, nom, âge, profession, domicile du déclarant*), lequel nous a présenté un enfant du sexe masculin (*ou* féminin) né de père et mère inconnus, le.... du mois de...., à.... heures...., en son domicile *ou* au domicile de N. (*prénoms, nom, âge, profession du propriétaire ou locataire de la maison où est né l'enfant*), sis à.... Auquel enfant il donne les prénoms de (*prénoms de l'enfant*). Les dites déclaration et présen-

No

Prénoms de l'enfant.

—

Formule de mention de reconnaissance.

N. (*Prénoms de l'enfant*) a été reconnu sous le nom de... par... suivant l'acte inscrit sur les registres de la commune d.... en date du...

Fait à..... le..... par nous officier de l'état civil de la commune d...

(*Signature*).

tation ont eu pour témoins N. (*nom, prénoms, âge, profession, domicile du premier témoin*), et N. (*nom, prénoms, âge, profession, domicile du second témoin*). De quoi nous avons dressé le présent acte, et nous en avons donné lecture au déclarant et aux témoins qui l'ont immédiatement signé avec nous.

VIII

Reconnaissance d'un enfant naturel faite par le père et la mère conjointement.

Reconnaissance de... (*nom, prénoms, de l'enfant*).

L'an mil huit cent..., le.....du mois de..., à.... heure du..., par devant nous (*nom, prénoms, qualité du fonctionnaire*), officier de l'état civil de la commune de..., canton de..., département de..., ont comparu N. (*nom, prénoms, âge, profession, domicile du père*) et N. (*nom, prénoms, âge, profession, domicile de la mère*), lesquels ont déclaré qu'ils se reconnaissent respectivement père et mére d'un enfant du sexe masculin (*ou* féminin), inscrit sur les registres de la commune de..., à la date du.... du mois de..., l'an mil huit cent..., sous les nom et prénoms de....; la dite déclaration a eu pour témoins, N. (*nom, prénoms, âge, profession, domicile du premier témoin*) et N. (*nom, prénoms, âge profession, domicile du second témoin*). De quoi nous avons dressé le présent acte et nous en avons donné lecture aux déclarants et aux témoins qui l'ont immédiatement signé avec nous.

IX

Reconnaissance d'un enfant naturel postérieurement à la rédaction de l'acte de naissance, par le père seul, ou par la mère seule.

Reconnaissance de... *(nom, prénoms de l'enfant).*

L'an mil huit cent..., le... du mois de..., à heure de..., par devant nous *(nom, prénoms, qualité du fonctionnaire)*, officier de l'état civil de la commune de..., canton de...; département de...., a comparu N. *(nom, prénoms, âge, profession, domicile du père ou de la mère)*, lequel nous a déclaré qu'il se reconnaît père (1) de l'enfant du sexe masculin *(ou* féminin), inscrit sur les registres de la commune de..., à la date du.... du mois de..., l'an mil huit cent...., sous les noms de.... La dite déclaration a eu pour témoins N. *(nom, prénoms, âge, profession, domicile du premier témoin)* et N. *(nom, prénoms, âge,*

(1) *Si c'est la mère qui fait seule la reconnaissance au lieu de :* lequel nous a déclaré qu'il se reconnaît père, *on mettra ;* laquelle nous a déclaré qu'elle se reconnaît mère. *Dans ce cas, l'officier de l'état civil ne peut mentionner le nom du père de l'enfant, alors même que la mère le lui indiquerait.*

profession, domicile du second témoin). De quoi nous avons dressé le présent acte et nous en avons donné lecture aux déclarants et aux témoins qui l'ont immédiatement signé avec nous.

X

Formule de transcription des actes de naissance envoyés à l'officier de l'état civil du domicile des père et mère.

L'an...., le.... du mois de...., à.... heure du...., nous (*nom et qualité du maire, adjoint ou conseiller municipal*), officier de l'état civil de la commune de...., canton de...., département de...., avons reçu de (*M. le ministre de la marine et des colonies, par exemple, s'il s'agit d'une naissance en mer*), une expédition de l'acte de naissance de (*prénoms et nom de l'enfant*) fils (*ou* fille) de (*prénoms, nom, profession et domicile des père et de la mère, s'ils sont indiqués*). En conséquence, nous avons transcrit de suite, sur les deux registres, le contenu de la dite expédition qui demeurera annexée au registre devant être déposé au greffe du tribunal. (*Suit la copie littérale de l'expédition de l'acte envoyé, puis on ajoute*). Transcrit et certifié conforme par nous, officier de l'état civil de la commune de...., sur les deux registres, ces dits jour, mois et an.

XI

Procès-verbal relatif à un enfant trouvé.

L'an mil huit cent...., le.... du mois de..., à... heure du...., par devant nous (*nom, prénoms, qualité du fonctionnaire*), officier de l'état civil de la commune de...., canton de...., département de...., a comparu (*prénoms, nom, âge, profession et domicile du déclarant*), lequel nous a déclaré que le...., à.... heure de...., étant seul (*ou* accompagné de...., *nom, prénoms, profession, âge. domicile des personnes présentes*), il a trouvé (*désigner avec exactitude l'endroit où l'enfant a été trouvé*), un enfant tel qu'il nous le présente, vêtu de (*détailler avec soin les vêtements et linges qui enveloppent l'enfant, en indiquer la marque s'il en existe une, en faisant connaître les lettres qui la composent*); après avoir visité l'enfant, nous avons reconnu qu'il était du sexe masculin (*ou* féminin), qu'il paraissait âgé de...., (*indiquer ici l'âge apparent de l'enfant, vérifier s'il a quelque marque sur le corps, ou s'il se trouve dans ses vêtements quelques écrits propres à le faire reconnaître, dans ce cas, dire ce qu'on a trouvé, ou exprimer qu'on n'a rien trouvé)*; de suite nous avons inscrit l'enfant sous les noms de...., ordonnant qu'il fût remis à N. *(nom, prénoms, âge, profession, domicile de la personne à qui l'enfant est remis)*. De quoi nous avons dressé procès verbal en présence de N. *(nom, prénoms, âge, profession, domicile du premier témoin)* et de N. *(nom, prénoms, âge, profession, domicile du second témoin)*, nous en avons donné lecture au déclarant et aux témoins qui l'ont immédiatement signé avec nous.

XII

Formule d'inscription d'une adoption.

L'an mil huit cent...., le.... du mois de...., à... heure du...., par devant nous *(nom et qualité du maire, adjoint ou conseiller municipal)*, officier de l'état civil de la commune de....., canton de....., département de...., a comparu *(nom, prénoms, âge, profession et domicile du requérant)* lequel nous a représenté l'acte fait devant le juge de paix du canton de...., arrondissement de...., département de..., à la date du...., par lequel N. *(nom, prénoms, âge, profession, domicile de l'adoptant)*, déclare adopter N. *(nom, prénoms, âge, profession et domicile de l'adopté)*, qui accepte ; ensemble l'expédition en forme de l'arrêt de la cour d'appel séant à...., en date du...., et déclarant qu'il y a lieu à l'adoption; et le dit N.... nous ayant requis d'inscrire cet acte sur nos registres, conformément à l'article 359 du Code Napoléon; nous, officier de l'état civil, faisant droit à cette réquisition, avons immédiatement procédé à l'inscription des actes dont la teneur suit. (*Copie en entier de l'acte d'adoption et de l'arrêt confirmatif)*. De tout quoi nous avons dressé le présent acte, en présence de (*prénoms, noms, âges, professions, domiciles des deux témoins*); et ont, les comparants et les témoins, signé avec nous le dit acte, après que lecture leur en a été faite.

PUBLICATIONS DE MARIAGE

Tout mariage doit être précédé de deux publications, afin de donner à cet acte la plus grande publicité possible et d'avertir du projet de mariage toutes les personnes qui auraient intérêt et droit de s'y opposer.

Les publications ne peuvent être faites que le dimanche, devant la maison commune, à huit jours d'intervalle, c'est-à-dire que la première aura lieu un dimanche, et la deuxième, le dimanche suivant.

Le chef de l'État, par l'organe du procureur impérial, peut dispenser pour des causes graves, de la seconde publication (C. N. art. 169.)

L'officier de l'état civil participe seul à la rédaction de ces actes qui ne sont signés que par lui.

On doit rédiger un acte particulier pour chaque publication, sur un seul registre qui est déposé chaque année au greffe du tribunal, il ne suffit par de mentionner au bas de la première publication qu'elle a été renouvelée, il faut deux actes distincts.

Les publications doivent être faites au domicile de chacun des futurs époux; si le domicile, quant au mariage, n'est établi que par six mois de résidence elles seront faites en outre à la municipalité du dernier domicile (C. N., art. 167.)

Si le futur est âgé de moins de 25 ans, si la future est âgée de moins de 21 ans, les publications devront avoir lieu à leurs domiciles et en outre aux domiciles de leurs pères et mères, et si ceux-ci sont morts, aux domiciles de leurs aïeux paternels et maternels (C. N., art. 168) (1).

(1) La règle est la même pour les enfants naturels reconnus, néanmoins, comme la loi ne reconnait aucun lien de parenté entre l'enfant naturel et les ascendants de ses père et mère, à défaut de pères et mères, les publications ne seraient point nécessaires au domicile des ascendants de ces derniers, qui seraient les aïeux naturels.

Si le futur époux a plus de 25 ans, et la future épouse plus de 21 ans, ils ne sont plus relativement au mariage sous la puissance d'autrui et les publications ne doivent plus être nécessairement faites au domicile des ascendants. (Lettres du g. des sc. du 26 mai 1820; 5 septembre 1843.)

Les actes de publications doivent énoncer : 1° les jours, lieu et heures des publications.

2° Les prénoms, noms, âges professions et demeures des futurs époux. (C. N. art. 63.)

3° Leur qualité de majeurs (21 ans accomplis) ou de mineurs (moins de 21 ans). (C. N. art. 63.)

4° Les prénoms, noms, âges, professions, domiciles des pères et mères des futurs époux. (C. N. art, 63.)

Un extrait de l'acte de publication sera et restera affiché à la porte de la Maison commune, pendant les huit jours d'intervalle de la première publication, à la seconde qui en fera mention. (C. N. art. 64.)

Mais si le mariage n'est pas célébré dans l'année, à compter du troisième jour après la seconde publication, les deux publications doivent être recommencées. (C. N. art. 65.)

Les publications ont pour but de provoquer les actes d'opposition au mariage, s'il en est fait, l'officier de l'état civil inscrira sans délai, une mention sommaire des oppositions sur le registre des publications; il fera aussi mention en marge de l'inscription des dites oppositions des jugements ou des actes de main-levée dont expédition lui aura été remise. (C. N. art. 67).

I

Publication de mariage entre majeurs ou mineurs.

N°
Noms et prénoms des futurs.

Nous (*prénoms, nom, qualité du fonctionnaire*) officier de l'état civil de la commune de..., canton de..., département de..., certifions que le Dimanche..., du mois de..., l'an mil huit cent..., après nous être transporté devant la principale porte de la Maison commune (1), à l'heure de..., nous avons annoncé et publié pour la première fois (2), qu'il y a promesse de mariage entre N. (*prénoms, nom, âge, professiou, domicile du futur*) majeur (*ou* mineur) fils de N. (*nom, prénoms, âge, profession et domicile du père*) et de N. (*nom, prénoms, âge,*

(1) ***S'il n'y a pas de maison commune, on mettra :*** devant la principale porte de notre domicile. à défaut de maison commune.

(2) ***Si c'est la seconde publication, au lieu de :*** pour la première fois, ***on mettra :*** pour la seconde fois, (un extrait de la première publication étant resté affiché jusqu'à ce jour).

profession et domicile de la mère) (1) d'une part ; et demoiselle N. (*prénoms, nom, âge, profession, domicile de la future*), majeure (*ou* mineure) fille de N. (*nom, prénoms, âge, profession, domicile du père de la future*) et de N. *nom, prénoms, âge, profession, domicile de la mère*) ; laquelle publication, lue à haute et intelligible voix a été de suite affichée à la porte de la maison commune ; de quoi nous avons dressé acte.

II

Formule de la mention d'opposition au mariage, qui doit être faite sur le registre des publications.

Par exploit de..., huissier à..., en date du..., il a été, à la requête de N. (*prénoms, nom, âge, profession, domicile de l'opposant*) formé opposition à la célébration du mariage projeté entre N.(*noms, prénoms, âges, professions et domiciles des parties qui ont l'intention de contracter mariage*). La présente mention sommaire faite par nous (*nom et qualité du fonctionnaire*) officier de l'état

(1) *Si le futur ou la future est veuf ou veuve d'un précédent mariage, on ajoutera :* veuf (*ou* veuve) en premières noces de N. (*nom, prénoms, profession du précédent conjoint*) décédé à...., le...

civil en conformité de l'article 67 du code civil, ce..., heure de..., dont acte.

III

Formule de la mention de la main levée de l'opposition obtenue soit par un acte notarié, soit par un jugement et qui doit être faite en marge de l'inscription de l'opposition.

Par acte reçu N.... notaire à... (*ou* par jugement rendu par le tribunal civil de...,) sous la date du..., il a été donné main-levée de l'opposition faite par exploit de..., huissier à. , par N. (*prénoms, nom; âge, profession, domicile de l'opposant*) au mariage projeté entre (*prénoms, noms, âges, professions et domiciles des futurs contractants*). La présente mention sommaire faite par nous, (*nom et qualité du fonctionnaire*) officier de l'état civil, conformément à l'article 67 du code civil, Ce..., heure de..., dont acte.

ACTES DE MARIAGE

Le mariage peut être célébré, soit au domicile ordinaire (art. 102 et suivants du code civil) de l'une ou de l'autre des parties, encore qu'elle n'y compte pas six mois au moins de résidence (C. N. art. 175), soit dans la commune ou l'une ou l'autre à au moins six mois de résidence, encore qu'elle n'y ait point son domicile réel (C. N. art. 74). Le domicile de l'art, 74 étant un domicile de faveur quant au mariage.

L'acte de mariage doit énoncer :

1° *Le lieu dans lequel il est célébré.*

C'est dans la maison commune et s'il n'y en a pas au domicile du maire que le mariage doit être célébré, afin qu'il ait toute publicité (1).

L'officier de l'état civil qui consent à célébrer un mariage au domicile de l'un des futurs, commet une infraction aux prescriptions relatives à la publicité des mariages, et se rend passible ainsi que les époux, de l'amende édictée par les art. 192 et 193. C. N. (jug. du trib. civil

(1) Trop souvent on omet de mentionner dans l'acte que le mariage a été célébré publiquement.

de Langres 5 février 1868). (Lettres minist. 21 juillet 1818 — 22 janvier 1822 — 15 octobre 1852).

L'officier de l'état civil peut se rendre au domicile de l'un des futurs lors des mariages *in extremis*, seulement, et procéder publiquement à la célébration en faisant mention de cette circonstance dans le préambule de l'acte et en constatant que les portes sont restées ouvertes. (Circ. minist. du 15 août 1852) (1).

2° *Les prénoms, noms, âges, professions, domiciles, lieux de naissance des futurs époux et mention attestant que l'acte de naissance de chacun d'eux a été annexé.* C'est surtout dans la rédaction des actes de mariage, que l'officier de l'état civil se gardera d'attribuer aux parties dénommées, d'autres noms, d'autres titres, que ceux qu'elles justifient par des actes de l'état civil antérieurs, avoir le droit de porter. Celui des époux qui serait dans l'impossibilité de se procurer son acte de naissance, pourra le suppléer en rapportant un acte de notoriété délivré par le juge de paix du lieu de sa naissance, ou par

(1) L'an mil huit cent..... le.... du mois de...., à heure.... du.... nous (*nom, prénoms du fonctionnaire*), officier de l'état civil de la commune de...., canton de...., département de..... nous nous sommes transporté au domicile du sieur (*nom du propriétaire de la maison où se célèbre le mariage*) sis rue de...., numéro...., sur la demande de (*nom, prénoms du futur, malade*) dans l'impossibilité de se rendre à la maison commune à raison de la maladie grave dont il est atteint, ainsi qu'il résulte du certificat délivré par (*nom, prénoms du médecin*). Dans ledit domicile dont les portes sont restées ouvertes, ont comparu....

celui de son domicile, sur la déclaration de sept témoins, et homologué par le tribunal. (C. N. art. 70 — lettres du g. des sc. 18 janv. 1818).

Lorsque les futurs sont nés dans la commune où se fait la célébration, l'officier d'état civil peut les dispenser de produire leur acte de naissance, il constate alors dans l'acte de mariage, qu'il a vérifié sur les registres de sa commune les actes de naissance dont la justification est exigée par la loi. (Décis. du g. des sc. du 20 août 1839, 10 août 1818).

Si le nom d'un des futurs n'est pas orthographié dans son acte de naissance comme celui de son père ; ou bien si l'on a omis dans cet acte quelqu'un des prénoms d'un futur ou de ses parents, le témoignage des père et mère ou aïeuls assistant au mariage et attestant l'identité, doit suffire pour procéder à la célébration du mariage. (Avis du conseil d'Etat 30 mars 1808). Mais pour toute autre irrégularité, il faudrait obliger les futurs époux à faire rectifier l'acte par les tribunaux.

La production des actes de naissance a pour but d'établir que les futurs conjoints ont atteint l'âge requis par l'art. 144 C. N. pour contracter mariage, c'est-à-dire 18 ans révolus pour l'homme, et 15 ans révolus pour la femme.

S'il leur a été accordé des dispenses d'âge, l'expédition de l'ordonnance portant dispense, sera annexé, et il en sera fait mention dans l'acte. (C. N. art 145.)

La production des actes de naissance a pour but aussi de constater qu'il n'existe entre les futurs aucun lien de parenté ou d'alliance qui interdise leur union. (C. N. art. 161, 162, 163, 348, décision du 7 mai 1808.)

Si le mariage se fait avec une dispense de parenté ou d'alliance, l'expédition de l'ordonnance portant dispense sera annexée, et il sera fait mention dans l'acte tant des dispenses que de l'annexe de l'expédition. (C. N. article 164.)

Si l'un des futurs a déjà été marié, l'acte de mariage contiendra les nom, prénom, profession du premier conjoint, le lieu et la date de son décès, d'après l'acte de décès qui sera produit et annexé (C. N. art. 147).

3° *Si les futurs époux sont majeurs* (âgés de plus de 21 ans), *ou mineurs* (âgés de moins de 21 ans).

4° *Les prénoms, noms, âges, professions et domiciles des pères et mères des futurs époux.*

Lorsque les pères et mères sont décédés, l'acte doit mentionner leurs prénoms, noms et professions, la date et le lieu de leur décès, d'après les actes de décès produits et annexés (C. N. art. 76).

Dans le cas où les omissions *d'une lettre* ou *d'un prénom* se trouvent dans l'acte de décès des pères et mères, la déclaration à serment des personnes dont le consentement est necessaire pour les mineurs, et celles des parties et des témoins pour les majeurs suffisent, sans qu'une rectification soit nécessaire (avis du C. d'État du 19 mars 1808).

Lorsque les actes de décès des pères et mères ne peuvent être produits, l'officier de l'état civil doit néanmoins passer outre à la célébration du mariage, sur l'attestation des aïeux survivants, que les pères et mères sont réellement décédés, il est fait mention de cette déclaration dans l'acte de mariage (avis du C. d'état du 25 juillet 1805).

Les pères et mères étant décédés, les aïeuls et aïeules interviennent pour donner leur consentement, l'acte énoncera alors leurs noms, prénoms, âges, professions et domiciles.

5° *L'acte de mariage doit énoncer le consentement des pères et mères; s'ils sont décédés, celui des aïeuls et des aïeules survivants;* consentement verbal s'ils assistent à la célébration du mariage, consentement résultant d'un acte authentique, s'ils n'y assistent pas (C. N. art. 148); ce consentement doit être spécial, c'est-à-dire donné pour le mariage, avec telle personne, nommément désignée dans l'acte (lettre minist. 29 octobre 1852).

Le consentement de la mère doit toujours être mentionné, alors même que le père est présent et consentant. En cas de dissentiment, le consentement du père suffit mais on doit rapporter à l'officier de l'état civil la preuve que la mère a été consultée. Cette preuve résultera d'un acte respectueux ou de tout autre acte authentique constatant son refus; il suffirait d'un seul acte respectueux dans tous les cas, parce qu'il ne s'agit que de constater le dissentiment.

Si la mère ou le père est mort, ou dans l'impossibilité de manifester sa volonté, le consentement de l'autre suffit (C. N. art. 149). (1)

S'il y a dissentiment entre l'aïeul et l'aïeule de la même ligne, il suffit du consentement de l'aïeul, s'il y a dissentiment entre les deux lignes, ce partage emporte consentement (C. N. art. 150).

Si les père et mère, aïeul et aïeule sont décédés, s'agit-il du mariage d'un mineur de 21 ans, l'acte mentionnera le consentement du conseil de famille: s'agit-il du mariage d'un majeur de 21 ans, il sera passé outre à la célébration du mariage sur le vu des actes de décès de tous les ascendants dont le consentement est requis, ces actes de décès seront tous mentionnés et annexés (C. N. art. 160).

Si on est dans l'impossibilité de produire ces actes, il

(1) Si le père est absent, interdit ou en démence, le consentement de la mère suffit sur le vu du jugement de déclaration d'absence, ou au moins du jugement ordonnant l'enquête; sur le vu du jugement prononçant l'interdiction, du certificat constatant l'admission dans un établissement public ou privé d'aliénés, ou encore, d'un acte de notoriété dressé par le juge de paix sur la déclaration de quatre témoins. Ces différentes pièces produites, seront mentionnées dans l'acte de mariage, elles seront paraphées et annexées.

peut être procédé à la célébration du mariage des majeurs, sur leur déclaration à serment que le lieu du décès et celui du dernier domicile de leurs ascendants leur sont inconnus. Cette déclaration doit être certifiée aussi par serment des quatre témoins de l'acte de mariage, lesquels affirment que bien qu'ils connaissent les futurs époux, ils ignorent le lieu du décès de leurs ascendants et leur dernier domicile (avis du C. d'État du 25 juillet 1805).

La femme âgée de 21 ans accomplis, l'homme âgé de plus de 25 ans peuvent se marier sans le consentement de leurs ascendants, mais alors ils doivent prouver qu'ils ont demandé ce consentement en produisant les actes respectueux faits par eux, ils sont mentionnés dans l'acte de mariage et y demeurent annexés (C. N. art. 152).

L'enfant naturel reconnu, comme l'enfant légitime, doit pour se marier, obtenir le consentement de ses père et mère, ou apporter la preuve qu'il leur a adressé des actes respectueux, dans les cas où ils sont requis ; mais comme la loi ne reconnaît aucun lien de parenté entre les enfants naturels et les ascendants de leur père et mère, l'enfant naturel reconnu qui a perdu ses père et mère, ne pourra avant l'âge de 21 ans révolus, se marier qu'après avoir obtenu le consentement non des aïeuls ou aïeules, mais d'un tuteur *ad hoc* qui lui sera nommé, (C. N, art. 159.) Même disposition pour l'enfant naturel non reconnu.

L'enfant trouvé admis dans un hospice, ne peut se marier sans le consentement du conseil d'administration sous la tutelle duquel il se trouve, savoir : le garçon avant 25 ans et la fille avant 21 (Loi du 15 pluviose, an XIII).

L'enfant adoptif doit, pour contracter mariage, justifier du consentement, non de ses père et mère adoptifs, mais de ses père et mère naturels (C. N. art. 348).

Indépendamment des consentements qu'ils doivent ou obtenir ou demander comme les autres citoyens, les militaires de tout grade doivent produire une permission par écrit de leurs chefs. (Décrets du 16 juin et du 3 août 1808 — inst. du ministre de la guerre du 16 novembre 1833 — décision du 4 mars 1837.) Cette obligation est commune aux soldats présents sous les drapeaux, à tout sous-officier ou soldat en congé illimité ou en congé d'un an, à tout militaire maintenu dans ses foyers à titre de soutien de famille, aux jeunes soldats désignés pour faire partie de la réserve, enfin aux dispensés par les fonctions qu'ils remplissent. (instituteurs primaires, professeurs, etc.)

6° L'acte de mariage doit faire mention :

Des deux publications dans toutes les communes où elles ont eté faites; de la remise du certificat des publications faites ailleurs que dans la commune; enfin de la dispense de la seconde publication lorsqu'elle a été obtenue. (C. N. art. 76, 167, 168, 169.)

7° *Des oppositions et leur main levée ou la déclaration qu'il n'y a pas eu d'opposition.* (C. N. art. 76.)

8° Aux termes de la loi du 10 juillet 1850, l'officier de l'état civil doit interpeller les futurs époux, ainsi que les personnes qui autorisent le mariage, si elles sont présentes, d'avoir à déclarer *s'il a été fait un contrat de mariage.* — Il sera donc fait mention dans l'acte de cette interpellation et de la réponse des parties, si elle est affirmative, le rédacteur de l'acte de mariage reproduira sommairement le certificat délivré par le notaire qui a fait le contrat. (C. N. art. 76, modifié par la loi du 10 juillet 1850.)

L'acte de mariage énoncera :

9° *La lecture du chapitre* VI *du titre du mariage et de toutes les pièces produites, paraphées et annexées.* (C. N. art. 75.)

10° *La déclaration des contractants de se prendre pour époux et le prononcé de leur union par l'officier public.* (C. N. art. 76.)

11° Enfin l'officier d'état civil mentionnera que le mariage a été célébré publiquement et qu'il en a immédiatement dressé acte en présence des quatre témoins requis dont il indiquera les noms, prénoms, âges, professions, domiciles, sans omettre leurs qualités de parents ou d'alliés des époux de quel côté ou à quel degré. (C. N. art. 76.)

Il constatera qu'il a donné lecture de l'acte et qu'il a été signé ensuite, par les témoins, les parties contractantes, les pères et mères ou ascendants, et par lui officier public. Si l'une des parties à l'acte ne peut signer, il en sera fait mention et on en indiquera le motif. (C. N. art, 76.)

I

Formule de l'acte de mariage entre majeurs ou mineurs, dont les pères et mères sont consentants.

No
Noms et prénoms des époux.

L'an mil huit cent..., le... du mois de..., à... heure du... par-devant nous (*nom, prénoms, qualité du fonctionnaire*) officier de l'état civil de la commune de..., canton de...., département de...., ont comparu publiquement en notre maison commune (1), N. (*prénoms, nom du futur époux*) âgé de... ans, né à...., canton de..., département de...., le... du mois de..., l'an mil huit cent..., ainsi qu'il résulte de l'expédition de son acte de naissance ci-annexée (2), (*profession et domicile*

(1) *S'il n'y a pas de maison commune, on mettra :* ont comparu, à défaut de maison commune, en notre demeure, dont les portes sont restées ouvertes.

(2) *Si la future ou le futur époux ou tous les deux sont nés au lieu même de la célébration du mariage, au lieu de ces mots :* ainsi qu'il résulte de l'expédition de son acte de naissance ci an-

du futur époux) (3-a), fils majeur (*ou* mineur) de N. (*prénoms, nom, âge, profession, et domicile du père*) et de N. (*prénoms, nom, âge profession et domicile de la mère*) (4) tous deux ici présents et consentants, d'une part. Et demoiselle N. (*prénoms, nom, de la future épouse*) âgée de... ans, née à..., canton de..., département de..., le... du mois de... l'an mil huit cent. . (2) ainsi qu'il résulte de l'expédition de son acte de naissance, ci-annexée, (*profession et domicile de la fu-*

nexée, ***on mettra :*** ainsi que nous l'avons vérifié sur le registre des actes de naissances de notre commune, pour l'année mil huit cent....

(3) ***Si le futur époux ou la future épouse, ou tous les deux sont veuf ou veuve d'un précédent conjoint, on ajoutera :*** veuf *ou* veuve de N. (***prénoms, nom, âge, profession du précédent conjoint***) décédé à...., le.... du mois de.... l'an mil huit cent...., ainsi qu'il résulte de l'expédition de son acte de décès ci annexée, ***ou bien :*** ainsi que nous l'avons vérifié sur le registre des actes de décès de notre commune pour l'année mil huit cent....

(4) ***Si le père ou la mère du futur ou de la future épouse est décédé, on mettra :*** fils majenr (*ou* mineur) ***ou bien*** fille majeure (*ou* mineure) de N. (***prénoms, nom, âge, profession et domicile de la mère ou du père***) ici présent et consentant et de N. (***prénoms, nom, âge, profession du père ou de la mère***) décédée à...., canton de..., département de.... le...., du mois de...., l'an mil huit cent...., ainsi que cela résulte de l'expédition de son acte de décès, ci annexée, ***ou bien :*** ainsi que nous l'avons vérifié sur le registre des décès de notre commune pour l'année mil huit cent...,

(a) ***Si le futur époux est militaire, après l'indication de son grade, du régiment dont il fait partie, du lieu où il est en garnison, on ajoutera :*** et comme tel, il nous a présenté une autorisation, ci-annexée de contracter mariage, délivrée le...., par....

ture épouse (3), fille majeure (*ou* mineure) de N (*prénoms, nom, âge, profession et domicile du père de la future*) et de N. (*prénoms, nom, âge, profession et domicile de la mère*) (4) tous deux ici présents et consentants d'autre part (5). Lesquels nous ont requis de procéder à la célébration du mariage projeté entre eux et dont les publications ont été faites devant la principale porte de notre maison commune savoir : La première le Dimanche... du mois de... l'an mil huit cent..., et la seconde, le Dimanche du mois de..... l'an mil huit cent..... sans qu'aucune opposition ne nous ait été signifiée (6). Sur notre inter-

(5) ***Si le père ou la mère de l'un des futurs époux, bien que consentant au mariage, n'assiste pas à la célébration, on mettra :*** fils majeur (*ou* mineur), ***ou bien*** fille majeure (*ou* mineure) de N. (***prénoms, nom, âge, profession et domicile du père ou de la mère***), ici présent et consentant et de N. (***prénoms, nom, âge, profession et domicile de la mère ou du père***) consentant au présent mariage, ainsi qu'il résulte d'un acte reçu le..., par Me..., notaire à...., enregistré le...., ci-annexé.

Si le père et la mère de l'un des futurs époux ou de tous deux, bien que consentants, n'assistent pas à la célébration; au lieu de : tous deux ici présents et consentants; ***on mettra :*** qui tous deux consentent au mariage, ainsi qu'il résulte de l'acte reçu le...., par Me..., notaire à...., enregistré le...., ci-annexé.

(6) ***S'il a été fait des publications en d'autres lieux que dans la commune où se célèbre le mariage, on ajoutera :*** pareilles publications ont été faites à...., canton de...., département de...., le dimanche...., du mois de...., l'an mil huit cent...., et le dimanche...., du mois de...., l'an mil huit cent...., et aucune opposition n'a été signifiée, ainsi qu'il résulte du certificat de publications et de non opposition délivré par le maire de la commune de...., ci-annexé.

pellation, les futurs époux et les personnes autorisant le mariage nous ont déclaré qu'il n'a pas été fait de contrat de mariage. (7). Faisant droit à la réquisition des parties, après avoir donné lecture de toutes les pièces ci-dessus mentionnées, et du chapitre six du Code Napoléon relatif au mariage, nous avons demandé au futur époux et à la future épouse s'ils veulent se prendre pour mari et femme; chacun d'eux ayant répondu séparément et affirmativement, déclarons au nom de la loi que N. (*prénoms, nom du futur*) et N. (*prénoms, nom de la future épouse*) sont unis par le mariage. De quoi nous avons dressé acte, en présence de (*prénoms, noms, âges, professions, domiciles des quatre témoins, s'ils sont parents des époux il sera fait mention du degré de parenté ou d'alliance et de quel côté*) (8), lesquels ont immédiatement signé avec nous, ainsi que les parties contractantes

(7) *S'il a été fait un contrat de mariage, au lieu de ces mots* : sur notre interpellation, les futurs époux et les personnes autorisant le mariage nous ont déclaré qu'il n'a pas été fait de contrat de mariage, *on mettra* : sur notre interpellation, les futurs époux et les personnes autorisant le mariage nous ont déclaré qu'il a été fait un contrat de mariage reçu par M^e..., notaire à...., canton de...., département de..., le.... du mois de..., l'an mil huit cent..., ainsi qu'il résulte du certificat délivré par le dit notaire, ci-annexé.

(8) En indiquant le degré de parenté des témoins, on dira, *oncle* de l'époux, *oncle* de l'épouse, et non pas oncle du futur, oncle de la future, après le prononcé de leur union, les conjoints doivent prendre la dénomination d'*époux*, d'*épouse*, et non plus de futur, ou future.

et les pères et mères de celles-ci, après que lecture du tout leur a été faite (9).

II

Formule de célébration de mariage pour les majeurs dont les pères et mères sont décédés et qui sont assistés de leurs aïeux consentants.

N°
Noms, prénoms des époux.

L'an mil huit cent..., le... du mois de..., à... heure du..., par-devant nous (*nom, prénoms et qualité du fonctionnaire*) remplissant les fonctions d'officier de l'état civil de la commune de..., canton de..., département de..., ont comparu publiquement en notre maison commune N. (*prénom, nom du futur époux*) âgé de... ans, né à..., canton de..., département de...., le.... du mois de...., l'an mil huit cent...., ainsi qu'il résulte de l'expédition de son acte de naissance ci-annexée, (*profession et domicile du futur époux*) fils majeur (*ou* mineur) de N. (*prénoms, nom, profession et do-*

(9) *Si l'une des parties ou l'un des témoins ne peut signer, on ajoutera :* à l'exception de...., qui a déclaré ne savoir signer, de ce requis, (*ou bien :* ne pouvoir signer, *mais alors on indique le motif.*)

micile du père du futur époux) décédé à.. ., le. .. du mois de.... de l'année mil huit cent...., ainsi qu'il résulte de l'expédition de son acte de décès ci-annexée (1) et de (*prénoms, nom, profession et domicile de la mère du futur époux*) décédée à..... le.... du mois de.... l'an mil huit cent...., ainsi qu'il résulte de l'expédition de son acte de décès ci-annexée (2); assisté de N. (*prénoms, nom, âge, profession, domicile de l'aïeul paternel ou maternel du futur époux*) son aïeul paternel (*ou* maternel) ici présent est consentant d'une part (3); et demoiselle N. (*prénoms, nom de la future épouse*) âgée de.... ans,

(1) ***Si l'un des ascendants du futur ou de la future épouse est décédé dans le lieu même de la célébration du mariage, au lieu de :*** ainsi qu'il résulte de l'expédition de son acte de décès, ***on mettra :*** ainsi que nous l'avons vérifié sur le registre des actes de décès de notre commune pour l'année mil huit cent....

(2) ***Si le père et la mère du futur époux ou de la future épouse sont décédés sans que l'on puisse produire leur acte de décès, on mettra*** : fils majeur (***ou*** fille majeure) de N. (***prénoms, nom, profession, domicile du père du futur ou de la future***) et de N. (***prénoms, nom, profession, domicile de la mère du futur ou de la future***), tous deux décédés ainsi qu'il résulte de l'attestation des aïeux du futur époux (***ou*** de la future épouse) faite conformément à l'art. 1 de l'avis du Conseil d'État du 23 juillet 1805, à défaut des expéditions des actes de décès que le futur époux (***ou*** la future épouse) a été dans l'impossibilité de se procurer.

(3) ***Si l'aïeul bien que consentant n'est pas présent à la célébration du mariage, au lieu de*** : ici présent et consentant, ***on mettra*** : consentant au présent mariage ainsi qu'il résulte d'un acte reçu le...., par M^{e}..., notaire à...., enregistré le...., ci-annexé.

née à...., canton de....., département de...., le.... du mois de.... l'an mil huit cent...., ainsi qu'il résulte de l'expédition de son acte de naissance ci-annexée (4) (*profession et domicile de la future épouse*) fille majeure *ou* mineure) de N. (*prénoms, nom, profession et domicile du père de la future épouse*) décédé à..., le.... ainsi qu'il résulte de l'expédition de son acte de décès ci-annexée (1), et de N. (*prénoms, nom, profession et domicile de la mère de la future épouse*) décédée à...., le.... ainsi qu'il résulte de l'expédition de son acte de décès, ci-annexée (1) (2), assistée de N. (*prénoms, nom, âge, profession, domicile de l'aïeul paternel ou maternel de la future épouse*) son aïeul paternel (*ou* maternel) ici présent et consentant d'autre part (3-5). Lesquels nous ont

(4) ***Si le futur époux ou la future épouse a été dans l'impossibilité de se procurer son acte de naissance, au lieu de :*** ainsi qu'il résulte de l'expédition de son acte de naissance ci annexée, ***on mettra*** : ainsi qu'il résulte de l'acte de notoriété dressé le..,.. par le juge de paix de...., sur la déclaration de sept témoins, attestant que le futur (*ou* la future) est dans l'impossibilité de produire son acte de naissance, homologué par jugement du tribunal civil de...., en date du...., desquels jugement et acte, expéditions sont ci-annexées.

(5) ***Si les aïeuls paternel et maternel du futur ou de la future épouse sont décédés et que ce soit l'aïeule paternelle ou maternelle qui assiste le futur époux ou la future épouse et consente au mariage, on mettra :*** petit-fils (*ou* petite fille) de N. (***prénoms, nom, profession, domicile de l'aïeul paternel du futur époux ou de la future épouse***), son aïeul paternel décédé à...., le...., ainsi qu'il résulte de l'expédition de son acte de décès ci-annexé, et de N. (***prénoms, nom, domicile, profession de l'aïeul maternel du***

requis de procéder à la célébration du mariage projeté entre eux, et dont les publications ont été faites devant la principale porte de notre maison commune savoir : la première le dimanche .... du mois de.... l'an mil huit cent...., et la seconde le dimanche.... du mois de l'an mil huit cent.. , sans qu'aucune opposition nous ait été signifiée. Sur notre interpellation les futurs époux et les personnes autorisant le mariage nous ont déclaré qu'il n'a pas été fait de contrat de mariage. Faisant droit à la réquisition des parties, après avoir donné lecture de toutes les pièces ci-dessus mentionnées et du chapitre six du Code Napoléon, relatif au mariage, nous avons demandé au futur époux et à la future épouse s'ils veulent se prendre pour mari et femme ; chacun d'eux ayant répondu séparément et affirmativement, déclarons au nom de la loi que N. (*prénoms*, *nom du futur*) et N. (*prénoms*, *nom de la future épouse*) sont unis par le mariage. De quoi nous avons dressé acte en présence de (*prénoms*, *noms*, *âges*, *professions*, *domiciles des quatre témoins*, *s'ils sont parents des époux il sera fait mention du degré de parenté et de quel côté*), lesquels ont immédiatement

futur époux ou de la future épouse) son aïeul maternel, décédé à...., le...., ainsi qu'il résulte de l'expédition de son acte de décès ci-annexée, (*ou bien*), ainsi que nous nous en sommes assuré, en consultant le registre des décès de notre commune pour l'année mil huit cent...., assisté (*ou* assistée) de N. (*prénoms, nom, âge, profession, domicile de l'aïeule paternelle ou maternelle du futur ou de la future épouse*), son aïeule paternelle (*ou* maternelle) ici présente et consentant.

signé avec nous, ainsi que les parties contractantes et les ascendants de celles-ci après que lecture du tout leur a été faite.

III

Formule de célébration de mariage pour les majeurs ou mineurs dont les pères, mères, aïeuls, aïeules sont décédés.

No
Noms et prénoms des époux.

L'an mil huit cent..., le.... du mois de.... à.... heure du..., par-devant nous (*prénoms, nom et qualité du fonctionnaire*) remplissant les fonctions d'officier de l'état civil de la commune de. ., canton de...., département de..., ont comparu publiquement en notre maison commune N. (*prénoms, nom du futur époux*) âgé de... ans, né à..., canton de..., département de..., le... du mois de..., l'an mil huit cent..., ainsi qu'il résulte de l'expédition de son acte de naissance ci-annexée, (*profession, domicile du futur époux*), fils majeur de N. (1) (*prénoms, nom, profession, domicile du père du futur*) décédé à..., le... ainsi qu'il résulte de l'expédition de son

(1) *Si le futur époux était né de parents inconnus, si c'était par exemple un enfant naturel non reconnu, supprimant toutes les mentions jusqu'à ces mots :* et demoiselle, *on mettrait :*

acte de décès ci-annexée, et de N. (*prénoms, nom, profession, domicile de la mère du futur*) décédée à..., le... ainsi qu'il résulte de l'expédition de son acte de décès ci-annexée; petit-fils de N. (*prénoms, nom, profession, domicile de l'aïeul paternel du futur époux*) son aïeul paternel décédé à..., le.... ainsi qu'il résulte de l'expédition de son acte de décès ci-annexée. et de N. (*prénoms, nom, profession, domicile de l'aïeule paternelle du futur*) son aïeule paternelle, décédée à..., le.... ainsi qu'il résulte de l'expéditon de son acte de décès ci-annexée; et de N. (*prénoms, nom, profession, domicile de l'aïeul maternel du futur*) son aïeul maternel, décédé à...., le.... ainsi qu'il résulte de l'expédition de son acte de décès ci-annexée,, et de (*prénoms, nom, profession, domicile de l'aïeule maternelle du futur*) son aïeule maternelle, décédée à..., le... ainsi qu'il résulte de l'expédition de son acte de décès ci-annexée d'une part. Et demoiselle N. (*prénoms, nom de la future épouse*) âgée de.... ans, née à..., canton de..., département de..., le ... du mois de..., l'an mil huit cent..., ainsi qu'il résulte de l'expédition de son acte de naissance, ci-annexée (*profession et domicile de la future*) fille majeure de N. (*prénoms, nom, profession, domicile du père de la*

fils majeur de parents inconnus: *Si le futur époux est mineur, on mettra :* fils mineur de parents inconnus, assisté de N. (*prénoms, nom, âge, profession, domicile du tuteur ad hoc*) tuteur ad hoc, nommé par délibération du conseil de famille en date du.... ci-annexée, pour assister le dit mineur dans la célébration de son mariage.

future) décédé à... le.., ainsi qu'il résulte de l'expédition de son acte de décès ci-annexée et de N. (*prénoms, nom, profession, domicile de la mère et de la future*) décédée à..., le..., ainsi qu'il résulte de l'expédition de son acte de décès ci-annexée ; petite fille de N. (*prénoms, nom, profession, domicile de l'aïeul paternel de la future*), son aïeul paternel, décédé à..., le. ., ainsi qu'il résulte de l'expédition de son acte de décès ci-annexée, et de N. (*prénoms, nom, profession et domicile de l'aïeule paternelle de la future*) son aïeule paternelle décédée à. ., le..., ainsi qu'il résulte de l'expédition de son acte de décès ci-annexée, et de N. (*prénoms, nom, profesion, domicile de l'aïeul de la future*) son aïeul maternel décédé à..., le..., ainsi qu'il résulte de l'expédition de son acte de décès ci-annexée, et de N (*prénoms, nom, profession, domicile de l'aieule maternelle de la future*) son aïeule maternelle décédée à..., le..., ainsi qu'il résulte de l'expédition de son acte de décès ci-annexée (2-4). Lesquels nous ont requis de procéder à la célébration du mariage projeté entre eux, et dont les pu-

(2) *Si le futur époux ou la future épouse ou tous les deux, étaient mineurs, on ajouterait :* assisté (*ou* assistée) de N. (*prénoms, nom, âge, profession, domicile du tuteur du futur époux ou de la future épouse*) son tuteur, lequel nous a représenté l'expédition ci-annexée de la déclaration en date du...., par laquelle le conseil de famille convoqué sous la présidence de M. le juge de paix du canton de...., a déclaré consentir au mariage de N. (*prénoms, nom du futur époux*) avec la demoiselle N. (*prénoms, nom de la future épouse.*)

blications ont été faites devant la principale porte de notre maison commune, savoir : la première, le dimanche..., du mois de..., l'an mil huit cent..., et la seconde, le dimanche..., du mois de..., l'an mil huit cent..., sans qu'aucune opposition nous ait été signifiée (3). Sur notre interpellation les futurs époux, (et le tuteur de... *quand l'un des futurs est mineur*) nous ont déclaré qu'il n'a pas été fait de contrat de mariage. Faisant droit à la réquisition des parties, après avoir donné lecture de toutes les pièces ci-dessus mentionnées et du chapitre VI du code Napoléon, relatif au mariage, nous avons demandé au futur époux et à la future épouse s'ils veulent se prendre pour mari et femme ; chacun d'eux ayant répondu séparément et affirmativement déclarons au nom de la loi

(3) *S'il n'a été fait qu'une seule publication en vertu d'une dispense, au lieu de :* et la seconde le dimanche.... du mois de...., l'an mil huit cent...., sans qu'aucune opposition ne nous ait été signifiée, *on mettra:* et dont la seconde n'a pas eu lieu, en vertu de la dispense délivrée par le procureur impérial près le tribunal de première instance de l'arrondissement de.., laquelle dispense a été par nous ci-annexée ; aucune opposition ne nous a été signifiée.

(4) *Si le futur époux ou la future épouse n'a pu se procurer les actes de décès de ses père, mère, aïeux, aïeules, au lieu et place des mentions qui précèdent, on met :* Interrogé par nous, le futur époux (*ou* la future épouse) nous a déclaré par serment que le lieu de décès de ses père, mère, aïeuls, aïeules et celui de leur dernier domicile lui sont inconnus, nous avons fait la même interpellation aux témoins, qui nous ont affirmé par serment connaître le futur époux (*ou* la future épouse), mais ignorer le lieu du décès de ses ascendants et leur dernier domicile.

loi que N. (*prénoms, nom du futur*) et N. (*prénoms, nom de la future épouse*) sont unis par le mariage. De quoi nous avons dressé acte, en présence de (*prénoms, noms, âges, professions, domiciles des quatre témoins, s'ils sont parents des époux il sera fait mention du degré de parenté et de quel côté*) lesquels ont immédiatement signé avec nous, ainsi que les parties contractantes, après que lecture du tout leur a été faite.

IV

Formule de célébration de mariage pour des majeurs qui ont adressé des actes respectueux à leurs ascendants.

No

Noms et prénoms des époux.

L'an mil huit cent..., le..., du mois de..., à..., heure de..., par-devant nous (*prénoms, nom, qualité du fonctionnaire*) officier de l'état civil de la commune de..., canton de..., département de..., ont comparu publiquement en notre maison commune N. (*prénoms, nom du futur époux*) âgé de..., ans, né à..., canton de..., département de..., le..., du mois de..., l'an mil huit cent..., ainsi qu'il résulte de l'expédition de son acte de naissance ci-annexée, (*profession du futur époux*) fils majeur de N. (*prénoms, nom, âge, profession, domicile du père du futur époux*) lequel, à défaut du consentement de ses ascendants au présent mariage, s'est prévalu de l'acte respectueux fait le...., par Me ...., notaire à...., adressé à (*prénoms, nom, âge, profession, domicile, de l'ascendant auquel l'acte respectueux a été notifié, indiquer s'il est père, mère, aïeul ou aïeule du futur époux*) lequel acte demeure ci-annexé(1). A aussi comparu N (*prénoms, nom, âge, profession, domicile de la future épouse*) née à..., canton de..., département de.., le..., du mois de..., l'an mil huit cent..., ainsi qu'il résulte de l'expédition de son acte de naissance ci-annexée, fille majeure de N. (*prénoms, nom, âge, profession, domicile du père de la future épouse*) et de N (*prénoms, nom, âge, profession, domicile de la future épouse*) ici présents et consentants(2). Lesquels nous ont requis de procéder à la célé-

(1) *Si le futur époux a moins de* 30 *ans, on mettra :* lequel à défaut du consentement de ses ascendants. s'est prévalu de l'acte respectueux fait le...., par Me..., notaire à...., adressé à (*prénoms, nom, âge, profession, domicile de l'ascendant auquel l'acte respectueux a été notifié*) renouvelé le...., et pour la troisième fois le...., lesquels demeurent ci-annexés.

(2) *Si les père et mère sont décédés, si la future est assistée d'un aïeul, il en sera fait mention ; si la future épouse a adressé des actes respectueux à ses ascendants, au lieu de :* ici présents et consentants, *on mettra :* laquelle, à défaut du consentement de ses ascendants, s'est prévalue de l'acte respectueux fait le...., par Me..., notaire à.. ., adressé à (*prénoms, nom, âge, profession, domicile de l'ascendant auquel l'acte respectueux a été notifié*). *Si la future épouse a moins de* 25 *ans, on ajoutera :* ledit acte respectueux renouvelé deux fois, savoir le.... et le..... lesquels demeurent ci-annexés.

bration du mariage projeté entre eux et dont les publications ont été faites devant la principale porte de notre maison commune, savoir : la première, le dimanche..., du mois de..., l'an mil huit cent..., et la seconde, le Dimanche... du mois de... l'an mil huit cent... (3). Sur notre interpellation, les futurs époux et les personnes autorisant le mariage, nous ont déclaré qu'il n'a pas été fait de contrat de mariage. Nous, officier de l'état civil de la commune de....., canton de....., département de...... vu l'acte respectueux, mentionné ci-dessus, duquel (4) il résulte que les formalités voulues par la loi ont été remplies, et que les délais sont expirés (5), faisant droit à la réquisition des parties,

(3) *Si l'un des ascendants du futur époux ou de la future épouse a formé opposition au mariage, on ajoutera ici :* une opposition nous ayant été signifiée par exploit de...., huissier à....., en date du..., enregistré, à la requête de N. (*prénoms, nom, âge, profession, domicile de l'opposant*) par laquelle il déclare s'opposer au mariage projeté entre N. (*nom, prénoms du futur*) son fils (*ou* son petit-fils), et N. (*nom, prénoms de la future*); cette opposition a été levée par jugement du tribunal civil de.... en date du...., dont expédition est ci-annexée, et aucune autre opposition n'est survenue.

Si l'opposition a été levée par acte notarié, au lieu de : cette opposition a été levée par jugement du tribunal civil de.... en date du...., *on mettra :* cette opposition a été levée par acte en date du...., passé devant Me...., notaire à....

(4) *Ou bien :* Vu les actes respectueux mentionnés ci-dessus, desquels.

(5) Il ne peut être procédé à la célébration du mariage qu'un

après avoir donné lecture de toutes les pièces ci-dessus mentionnées et du chapitre VI du code Napoléon, relatif au mariage, nous avons demandé au futur époux et à la future épouse s'ils veuleut se prendre pour mari et femme; chacun d'eux ayant répondu affirmativement et séparément déclarons que N. (*prénoms, nom du futur*) et N. (*prénoms, nom de la future*) sont unis par le mariage (6). De quoi nous avons dressé acte en présence de.... (*prénoms, noms, âges, professions, domiciles des quatre témoins*), lesquels ont immédiatement signé avec nous, ainsi que les parties contractantes (7), après que lecture du tout leur a été faite.

mois après le dernier acte respectueux (C. N. art. 152, 153), et huit jours après la signification du jugement de main levée d'une opposition.

(6) *Si les époux reconnaissent et légitiment un enfant naturel né précédemment, on mettra :* et aussitôt lesdits époux ont déclaré que le.... du mois de...., l'an mil huit cent...., il est né d'eux un enfant du sexe..... inscrit sur les registres de la commune de..., sous les nom et prénoms de...., lequel ils reconnaissent pour leur fils (*ou* fille), voulant que la présente déclaration légitime sa naissance.

(7) Et ceux des parents présents et consentants.

V

Formule de célébration de mariage avec dispense de parenté ou d'alliance.

N°
Noms et prénoms des époux.

L'an mil huit cent..., le... du mois de..., à... heure... du... par-devant nous (*prénoms, nom, qualité du fonctionnaire*), officier de l'état civil de la commmune de..., département de. ., ont comparu en notre maison commune N. (*prénoms, nom du futur époux*), âgé de... ans, né à..,, canton de.., département de..., le... du mois de... l'an mil huit cent..., ainsi qu'il résulte de l'expédition de son acte de naissance ci-annexée (*profession et domicile du futur époux*), fils majeur (*ou* mineur) de N. (*prénoms, nom, âge, profession, domicile du père du futur*), et de N. (*prénoms, nom, âge, profession, domicile de la mère du futur*), ici présents et consentants, lequel nous a déclaré qu'il est dans l'intention de s'unir par mariage avec N. (*prénoms, nom de la future*), sa nièce (*ou* sa tante, *ou* sa belle-sœur) en vertu de la dispense de parenté (*ou* d'alliance) à lui, accordée par le gouvernement, le..., enregistré au greffe du tribunal de première instance de l'arrondissement de..., et dont il nous a présenté une expédition délivrée par le greffier du tribunal, qui demeure annexée au présent acte, d'une part. A aussi comparu N. (*prénoms, nom de la future*) âgée de... ans, née à..., canton de..., département de..., le... du mois de..., l'an mil huit cent..., ainsi qu'il résulte de l'expédition de son acte de naissance ci-annexée (*profession, domicile de la future*), fille majeure (*ou* mineure) de N. *prénoms, nom, domicile, âge et profession, du père de la future*), et de N. (*prénoms, nom, âge, profession, domicile de la mére de la future*), ici présents et consentants, laquelle nous a déclaré qu'elle est dans l'intention de s'unir par le mariage avec N. (*prénoms, nom du futur*) en vertu de la dispense de parenté (*ou* d'alliance) ci-dessus mentionnnée d'autre part. Lesquels nous ont requis de procéder à la célébration du mariage projeté entr'eux et dont les publications ont été faites devant la principale porte de notre maison commune, savoir : la première le dimanche... du mois de... l'an mil huit cent..., et la seconde le dimanche... du mois de..., l'an mil huit cent....., sans qu'aucune opposition nous ait été signifiée. Sur notre interpellation les futurs époux et les personnes autorisant le mariage nous ont déclaré qu'il n'a pas été fait de contrat de mariage. Faisant droit à la réquisition des parties, après avoir donné lecture de toutes les pièces ci-dessus mentionnées, et du chapitre six du Code Napoléon, relatif au mariage, nous avons demandé au futur époux et à la future épouse s'ils veulent se prendre pour mari et femme; chacun d'eux ayant répondu séparément et affirmativement, déclarons au nom de la loi que N. (*prénoms, nom du futur*) et N. (*prénoms, nom de la future*), sont unis par le mariage. De quoi nous avons dressé acte en présence de (*prénoms, noms, âges, professions, domiciles, des quatre témoins, s'ils sont parents des époux, il sera fait mention du degré de parenté ou d'alliance et de quel côté*), lesquels ont immédiatement signé avec nous, ainsi que les parties contractantes et les pères et mères de celles-ci, après que lecture du tout leur a été faite.

ACTES DE DÉCÈS

Les actes de décès sont rédigés par l'officier de l'état civil de la commune, sur la déclaration de deux personnes qui deviennent témoins de l'acte et doivent dès lors réunir les conditions prescrites par l'art. 37, C. N., c'est-à-dire être majeurs et du sexe masculin; pourtant, lorsque une personne est décédée hors de son domicile, la déclaration peut être faite par la femme chez laquelle le décès a eu lieu, assistée d'un parent ou autre. Art.78.

Les actes de décès doivent énoncer :

1° *Les noms, prénoms, âges, professions et domiciles des déclarants, et s'ils sont parents, leur degré de parenté.* La loi veut que la déclaration soit faite s'il est possible par les deux plus proches parents et à leur défaut par les voisins, s'il n'en est pas ainsi, on en indiquera le motif. Il faut éviter de prendre toujours pour témoins les mêmes personnes, le secrétaire de la mairie par exemple, c'est aller contre le désir de la loi, elle veut que les déclarations soient faites par ceux qui connaissent le mieux l'individu décédé. (Art. 78, 79.)

2° L'acte de décès énoncera, *l'heure, le jour et le lieu du décès*, (1) lorsqu'une personne s'est suicidée, lorsqu'elle est morte victime d'un assassinat, et lorsqu'elle est décédée soit en prison, soit dans une maison de réclusion, ces circonstances de son décés ne doivent pas être relatées dans l'acte qui en est dressé. Art. 85.

3° *Les prénoms, nom, âge, profession, lieu et date de la naissance de la personne décédée, ainsi que son domicile.* On indiquera si elle était veuve ou mariée et les prénoms, nom, âge, profession, domicile de l'autre

(1) La loi, il est vrai, ne prescrit pas de mentionner l'heure et le jour du décès, mais elle ne le défend pas non plus et cette constatation peut être de la plus grande utilité.

4

époux. (Art, 79.) (Circ. du garde des sceaux du 30 décembre 1850.

4° *Les prénoms, noms, âges, professions et domicile* des père et mère de la personne décédée. (Art. 79.)

5° *Enfin la mention que l'officier de l'état civil s'est assuré lui-même du décès en se transportant u domicile mortuaire.* (Décision du garde des sceaux du 28 avril 1856, art. 77; lettre ministérielle du 28 janvier 1822.)

Pour deux jumeaux on rédigera deux actes de décès distincts. De même quand une femme meurt en accouchant d'un enfant sans vie, on dresse deux actes, l'un pour la mère, l'autre pour l'enfant.

Si la personne décédée n'était pas domiciliée dans la commune où elle est morte, l'officier de l'état civil doit envoyer une expédition sur papier libre de l'acte de décès à celui du domicile de cette personne s'il est connu, ce dernier en opérera immédiatement la transcription sur ses registres courants.

On oublie généralement trop volontiers ces dispositions très-formelles de l'art. 82 et 80 du C. N.

En cas de décès dans les hôpitaux militaires ou civils, dans les séminaires, couvents, colléges, établissements entretenus aux frais de l'état, etc. Les supérieurs, directeurs, administrateurs et maîtres de ces maisons, sont tenus d'en donner avis dans les vingt-quatre heures, à l'officier de l'état civil qui doit s'y transporter pour s'assurer du décès; après quoi il en dresse acte sur les déclarations qui lui ont été faites et sur les renseignements qu'il aura pris. Art. 80.

Lorsqu'une personne a péri dans l'exploitation d'une mine et que l'on ne retrouve pas son corps, il doit être dressé par le maire un procès-verbal des circonstances de l'événement; ce procès-verbal sera transmis au Procureur impérial, et sur ses réquisitions le tribunal pourra en ordonner la transcription sur le registre des décès. (Décret du 3 janvier 1813).

I

Formule de l'acte ordinaire de décès.

L'an mil huit cent..., le... du mois de..., à... heure du..., par-devant nous (*noms et qualité du fonctionnaire*), officier de l'état civil de la commune de..., canton de..., département de..., ont comparu (*prénoms, noms, âges, professions et domiciles des deux déclarants, indiquer s'ils*

No
Nom, prénoms de la personne décédée.

sont voisins du défunt, ou ses parents, et à quel degré) (1) lesquels nous ont déclaré que N. (*prénoms, nom, âge, profession et domicile de la personne décédée*), né à..., canton de..., département de..., le... du mois de..., l'an mil huit cent..., fils de (*prénoms, noms, âges, professions et domicile des père et mère de la personne décédée*), (2) est décédé à..., le... du mois de..., à... heure du..., dans sa maison, (3) rue de.,. Après nous être assuré du décès en nous transportant sur les lieux, nous avons dressé le présent acte, et nous l'avons lu aux déclarants qui l'ont immédiatement signé avec nous.

(1) Si les déclarants sont autres que les proches parents, ou voisins, on en indiquera le motif. —

(2) *Si la personne décédée était mariée, on ajoutera :* époux ou épouse, veuf ou veuve de (*prénoms, nom, âge, profession et domicile de l'autre conjoint*).

(3) *Ou* au domicile de.... sis....

II

Acte de décès d'un inconnu.

L'an mil huit cent...., le... du mois de... à... heure d..., pardevant nous (*prénoms, nom, qualité du fonctionnaire*), officier de l'état civil de la commune de.., canton de..., département de,.., ont comparu N et N (*prénoms, noms, âges, professions et domiciles des deux déclarants*), lesquels nous ont déclaré qu'un individu, à eux inconnu, du sexe masculin (*ou* féminin), paraissant âgé de..., vêtu de... (*désigner les vêtements dont le décédé était couvert, les papiers ou effets trouvés sur lui, les marques ou signes remarqués sur son corps et pouvant servir à le faire reconnaître*), a été trouvé mort (*ou bien* est décédé), le..., à heure d..., à (*indiquer le lieu, mais sans rien mentionner qui puisse faire soupçonner une mort violente*). Après nous être assurés du décès, en nous transportant sur les lieux, nous avons dressé le présent acte, et nous l'avons lu aux déclarants qui l'ont immédiatement signé avec nous.

No
Décès d'un inconnu.

III

Formule de l'acte de décès, quand l'événement a eu lieu dans une maison publique ou dans un hôpital.

N°
Nom, prénoms de la personne décédée.

L'an mil huit cent..., le..., du mois de..., à.... heure de..., nous (*prénoms, nom, qualité du fonctionnaire*), officier de l'état civil de la commune de..., canton de..., département de..., sur l'avis qui nous a été donné par N. (*nom du supérieur ou administrateur qui a donné l'avis du décès avec sa qualité*) que N. (*prénoms, nom, âge, profession, domicile de la personne décédée*), né à..., canton de..., département de..., le... du mois de..., de l'année mil huit cent.., fils de (*prénoms, noms, âges, professions, domicile des père et mère de la personne décédée*), habitant (*ou* déposé provisoirement), en ladite maison, y est décédé ce jour...., à.... heure de.... ; nous étant transporté au lieu indiqué, nous avons reconnu que ledit (*prénoms, nom du défunt*) est réellement décédé; et, après avoir fait inscrire ce décès sur le registre tenu à cet effet dans ladite maison, nous avons en présence de N. et de N. (*prénoms, noms, âges, professions, domiciles des deux témoins*), dressé et transcrit le présent acte sur les registres de l'état civil de la commune, que nous avons signé avec les deux témoins après lecture faite.

IV

Acte de décès dans le cas de mort violente ou dans les prisons et d'exécution à mort.

L'an mil huit cent..., le... du mois de..., à... heure, d.., par-devant nous (*prénoms, nom, qualité du fonctionnaire*), officier de l'état civil de la commune de..., département de..., ont comparu N et N (*prénoms, noms, âges, professions et domiciles des deux témoins déclarants*), lesquels nous ont déclaré que N (*prénoms, nom, âge, profession, domicile du défunt*), né à...., canton de...., département de..., le.... du mois de..., l'an mil huit cent.... ; fils de N. (*prénoms, nom, âge, profession, domicile du père et de la mère de la personne décédée*), est décédé ce jour, à... heure de..., en cette commune,

N°
Nom, prénoms de la personne décédée.

sur quoi, après avoir pris les renseignements nécessaires sur l'individu décédé, et nous être assuré de son décès, nous avons dressé le présent acte et nous l'avons lu aux témoins qui l'ont immédiatement signé avec nous.

V

Formule d'acte de présentation d'un enfant sans vie dont la naissance n'a pas été enregistrée.

Enfant présenté sans vie.

L'an mil huit cent... le... du mois de... à heure de... pardevant nous (*prénoms, nom et qualité du fonctionnaire*) officier de l'état civil de la commune de..., canton de..., département de..., ont comparu N et N (*prénoms, noms, âges, professions et domiciles des deux déclarants, indiquer s'ils sont voisins du défunt, ou ses parents et à quel degré*), lesquels nous ont présenté un enfant, sans vie, du sexe masculin (*ou* féminin) ; ils nous ont déclaré que les père et mère de cet enfant sont (*prénoms, noms, âges, professions, domicile du père et de la mère de l'enfant*), et que c'est le... du mois de..., à... heure de..., que l'enfant est sorti du sein de sa mère, en la maison du sieur N. sise à... De quoi, nous avons dressé le présent acte et nous l'avons lu aux témoins qui l'ont immédiatement signé avec nous.

TABLEAU

DES CONTRAVENTIONS QUI PEUVENT ÊTRE COMMISES DANS LA TENUE DES REGISTRES DE L'ÉTAT CIVIL.

§ I **Contraventions relatives à l'état matériel des registres.**	LOIS ET INSTRUCTIONS ENFREINTES.
Défaut de couvertures aux registres	Instructions des parquets.
Registres ou suppléments de registres en papier non timbré	Loi du 13 brumaire, an VII.
Défaut de cote et de paraphe sur chaque feuille. .	C. N., art. 41.
Inscriptions d'actes sur feuilles volantes	C. N., art. 52.
Omission de l'inscription en marge des numéros des actes inscrits, et des noms des nouveau-nés des mariés, des décédés	Ordonnance du 26 novembre 1823.
Défaut de cloture des registres	C. N., art. 43.
Arrêté de cloture non signé	C. N., art. 43.
Table annuelle sur papier non timbré	Décret du 20 juillet 1807, art. 4.
Table non alphabétique.	Décision ministérielle du 28 octobre 1823.
Table non certifiée par l'officier de l'état civil . .	Décision ministérielle du 28 octobre 1823.
Extraits délivrés sur papier non timbré	Loi du 28 avril 1816.
Extraits étrangers non visés pour timbre en France.	Loi du 13 brumaire, an VII.

§ II **Contraventions communes à tous les actes dans les formalités matérielles et générales.**	LOIS ET INSTRUCTIONS ENFREINTES.
Actes non datés du jour, de l'an et de l'heure . .	C. N., art. 34.
Défaut de mention de l'empêchement du maire remplacé par l'adjoint, ou des deux, remplacés par un conseiller municipal dans l'ordre du tableau. .	Loi du 21 mars 1831.
Défaut de mention de la délégation du fonctionnaire suppléant habituellement le maire	Loi du 18 juillet 1837 art. 14.
Acte de naissance ou de décès reçu par le père ou l'époux du nouveau-né ou de la décédée . . .	Lettre ministérielle du 21 juillet 1818.
Omission des prénoms, nom, âge, profession et domicile, d'un individu quelconque dénommé dans un acte	C. N., art. 34.
Défaut d'identité dans les noms et prénoms . . .	C. N., art. 34.
Non conformes aux actes antérieurs produits par les parties	Circulaire ministériel du 19 juin 1858.
Témoins mineurs ou du sexe féminin	C. N., art. 37.
Dates en chiffres. — Abréviations. — Blancs et intervalles. — Surcharges. — Mots grattés . . .	C. N., art. 42
Renvois et ratures non approuvés. — Renvoi paraphé au lieu d'être signé par l'officier de l'état civil et par les parties	C. N., art. 42.
Énonciation d'un fait étranger à la substance de l'acte	C. N., art. 35.
Défaut de mention de la lecture de l'acte. . . .	C. N., art. 38.
Défaut de signature de l'officier de l'état civil . .	C. N., art. 39.
Défaut de signature des comparants, déclarants et témoins, sans énonciation de la cause	C. N., art. 39.
Surabondance de signatures	C. N., art. 35 et 9.
Défaut de légalisation des pièces produites . . .	C. N., art. 45.
Défaut d'annexes de pièces produites. — Défaut de paraphe par l'officier de l'état civil et le produisant des pièces annexées	C. N., art. 44.

Défaut de transcription sur les registres courants du jugement qui rectifie un acte existant ou remplace un acte omis	C. N., art. 101.
Défaut de mention de la rectification en marge de l'acte rectifié	C. N., art. 101.
Défaut de mention de la cause pour laquelle un acte est demeuré imparfait	C. N., art. 39.
Défaut d'uniformité de rédaction sur les deux registres. — inscription sur un seul registre . . .	C. N., art. 40.

§ III

ACTES DE NAISSANCE

Déclaration ou rédaction après les trois jours de l'accouchement	C. N., art. 56, 55.
Omission des prénoms, nom, âge, profession et domicile du déclarant	C. N.; art. 34.
Omission du motif pour lequel la déclaration est faite par tout autre que le père légitime . . .	C. N., art. 56.
Omission des prénoms, noms, âges, professions et domicile des père et mère d'un enfant légitime. .	C. N., art. 57.
Omission de mentionner si la mère est l'épouse du du père	C. N., art. 34, 57.
Mention du nom du père, lorsque la mère n'est pas mariée et que le père ne fait pas la déclaration en personne, ou par un fondé de pouvoir	C. N., art. 340.
Omission d'indication du sexe de l'enfant, du jour, de l'heure, du lieu de sa naissance et des prénoms qui lui sont donnés	C. N., art. 57.
Défaut de présentation de l'enfant	C. N., art. 55.
Omission des prénoms, noms, âges, professions et domiciles des deux ou de l'un des deux témoins requis	C. N., art. 56.
Défaut d'inscription au registre d'un procès verbal de remise d'un enfant trouvé avec indication de l'âge apparent, du sexe et des effets de l'enfant, du lieu où il a été trouvé, de l'autorité à laquelle il a été remis	C. N., art. 58.

Rédaction d'un seul acte pour deux jumeaux . .	Instruction ministérielle du 31 décembre 1823.
Omission d'énoncer lequel des jumeaux est sorti le premier du sein de la mère	
Rédaction d'un acte de naissance pour un enfant présenté sans vie	Décret du 4 juillet 1806.
Défaut de transcription de l'acte de naissance d'un enfant né à l'armée ou sur mer	C. N., art. 98.
Reconnaissance d'un enfant adultérin ou incestueux.	C. N., art. 335.

§ IV

PUBLICATIONS DE MARIAGE

Publications faites un autre jour que le dimanche. Omission de la date et de l'heure.	C. N., art. 63.
Publications faites ailleurs qu'à la porte de la mairie.	C. N., art. 63.
Les deux publications constatées par un seul acte. — Une seule publication sans mention de dispense de la deuxième	C. N., art. 169.
La deuxième par simple extrait	C. N., art. 63.
Omission de constater dans la seconde publication que l'extrait de la première est restée affichée durant les huit jours d'intervalle	C. N., art. 64.
Omission de la qualité de majeur ou mineur de chacun des futurs.	C. N., art. 63.
Omission des prénoms, noms, âges, professions et domiciles des pères et mères des futurs	C. N., art. 63.
Publications surannées.	C. N., art. 65.
Défaut de mention des oppositions.	C. N., art. 67,
Des actes ou jugements de main-levée.	C. N., art. 67.

§ V

ACTES DE MARIAGE

Omission de mentionner que le mariage a été célébré à la mairie ou dans une maison ouverte. .	C. N., art. 75.
Omission de mentionner que le mariage a été célébré publiquement	C. N., art. 165.
Défaut de mentionner les lieux de naissance, la qualité de majeurs ou de mineurs des deux futurs .	C. N., art. 76.
Défaut de mentionner la remise de leurs actes de naissance, ou de l'acte de notoriété homologué, destiné à en tenir lieu	C. N., art. 70, 71, 72.
Défaut de mention des dispenses d'âge	C. N., art. 145.
Défaut de mention des dispenses de parenté ou d'alliance	C. N., art. 164.
Défaut de mention de l'attestation des ascendants relative aux différences d'orthographe dans les noms ou prénoms des futurs	Avis du conseil d'état du 30 mars 1808.
Défaut de mention de la remise de l'acte de décès d'un premier époux	C. N., art. 147.
Défaut de mentionner le consentement ou la remise des actes de décès des pères et mères et à défaut des aieuls et aieules	C. N., art. 76.
Défaut de mentionner l'affirmation sous serment suppléant les actes de décès des ascendants . . .	Avis du conseil d'état du 4 thermidor an XIII.
Défaut de mentionner le consentement du conseil de famille, pour un époux mineur sans ascendants.	C. N., art. 160.
Défaut de mentionner le consentement d'un tuteur *ad hoc* pour le mineur enfant naturel non reconnu ou qui a perdu ses père et mère.	C. N., art. 159.
Omission de mentionner les actes respectueux s'il y en a été fait	C. N., art. 76.
Défaut de mentionner l'autorisation donnée aux militaires	Décret du 16 juillet 1808.
Défaut de mentionner l'autorisation du conseil d'administration pour l'enfant placé dans un hospice.	Loi du 15 pluviôse an XIII.

Défaut de mentionner les publications et les jours, les lieux où elles ont été faites	C. N., art. 76, 166.
Défaut de mentionner la remise d'un certificat des publications faites ailleurs que dans la commune.	C. N., art. 167, 168.
Défaut de mentionner la dispense de la seconde publication	C. N., art. 169.
Omission de mentionner qu'il n'y a pas eu d'opposition, ou qu'il y en a eu main-levée	C. N., art. 76.
Défaut de mentionner la lecture du chap. VI du titre du mariage et des pièces produites et annexées.	C. N., art. 75.
Omission d'interpeller les futurs sur l'existence d'un contrat de mariage	C. N. art. 75, 76. Loi du 10 juillet 1850.
Défaut de mentionner la déclaration des contractants de se prendre pour époux, le prononcé de leur union	C. N., art. 76.
Qualification de futur et future donnée aux contractants après le prononcé de leur union	
Absence de tous ou de quelques-uns des quatre témoins requis. — Omission de leurs qualités de parents ou d'alliés, de quel côté et à quel degré.	C. N., art. 76.

§ VI

ACTES DE DÉCÈS

Omission des noms, prénoms, âges, professions et domiciles des deux déclarants, leur degré de parenté.	C. N., art. 79.
Omission du motif pour lequel les déclarants sont autres que les plus proches parents ou voisins. .	C. N., art. 78.
Omission du jour, de l'heure et du lieu du décès. .	C. N., art. 79.
Omission des prénoms, nom, âge, profession, domicile et lieu de naissance du décédé	C. N., art. 79.
Omission des noms, prénoms, âges, professions, domiciles ou dates du décès du conjoint et des père et mère du décédé	C. N., art. 79.
Mention illégale du genre de mort	C. N., art. 85.

Omission d'énoncer que l'officier de l'état civil s'est assuré du décès en se transportant près de la personne décédée.	C. N., art. 77.
Omission de l'inscription des actes de décès envoyés d'ailleurs	C. N., art. 98.
Qualification de *mort-né* donnée dans un acte à l'enfant présenté sans vie	Décret du 4 juillet 1806.

TABLE DES FORMULES

Dispositions relatives à l'état matériel des registres.

Formalités communes à tous les actes.

Actes de naissance.

Publications de mariage.

Actes de mariage.

Actes de décès.

CHATILLON-SUR-SEINE. — IMPRIMERIE E. CORNILLAC

www.ingramcontent.com/pod-product-compliance
Ingram Content Group UK Ltd.
Pitfield, Milton Keynes, MK11 3LW, UK
UKHW020345180726
13839UKWH00002B/920